迈向工业 5.0

MOVING TOWARD INDUSTRY 5.0

陈立峰　◎著

中国财经出版传媒集团

经济科学出版社
Economic Science Press

·北京·

图书在版编目（CIP）数据

迈向工业 5.0/陈立峰著 . ‒‒ 北京：经济科学出版
社，2025.1
ISBN 978 ‒ 7 ‒ 5218 ‒ 5822 ‒ 8

Ⅰ . ①迈⋯　Ⅱ . ①陈⋯　Ⅲ . ①制造工业 ‒ 工业发展 ‒
研究 ‒ 中国　Ⅳ . ①F426.4

中国国家版本馆 CIP 数据核字（2024）第 077483 号

责任编辑：王红英
责任校对：靳玉环
责任印制：邱　天

迈向工业 5.0
MAIXIANG GONGYE 5.0
陈立峰　著
经济科学出版社出版、发行　新华书店经销
社址：北京市海淀区阜成路甲 28 号　邮编：100142
总编部电话：010 ‒ 88191217　发行部电话：010 ‒ 88191522
网址：www. esp. com. cn
电子邮箱：esp@ esp. com. cn
天猫网店：经济科学出版社旗舰店
网址：http：//jjkxcbs. tmall. com
固安华明印业有限公司印装
710 × 1000　16 开　19.5 印张　200000 字
2025 年 1 月第 1 版　2025 年 1 月第 1 次印刷
ISBN 978 ‒ 7 ‒ 5218 ‒ 5822 ‒ 8　定价：69.00 元
（图书出现印装问题，本社负责调换。电话：010 ‒ 88191545）
（版权所有　侵权必究　打击盗版　举报热线：010 ‒ 88191661
QQ：2242791300　营销中心电话：010 ‒ 88191537
电子邮箱：dbts@ esp. com. cn）

本书得到国家社会科学基金项目"我国制造业集群数字化转型的典型路径与对策研究"（项目号：20BJY100）、中国博士后科学基金面上项目"企业数字化转型表现的影响机制与路径研究"（项目号：2023M733037）的大力资助

本书为浙江省哲学社会科学规划课题"环保法背景下企业数字化转型对ESG绩效的驱动机制与路径研究"（项目号：24SSHZ015YB）、杭州市社会哲学规划课题"ESG与企业绿色转型"（项目号：24JD055）的研究成果

推荐序一

在工业发展的历史长河中，每一次技术革新都如同一次巨浪，将人类社会推向新的高度。近年来，海量数据不断涌现、信息技术广泛应用促使人类快速进入数字经济时代。当今，我们不仅站在了第四次工业革命——工业4.0的浪潮之巅，同时也已感受到了即将到来的第五次工业革命——工业5.0的曙光。工业5.0，作为一个全新的概念，预示着人类社会即将迎来一场更为深远的变革。它不仅是对工业4.0的延续和升级，更是一次对工业生产方式、经济模式乃至社会结构的全面重塑。在工业5.0的框架下，人工智能、物联网、大数据等前沿技术将与工业生产更加深度融合，实现生产过程的智能化、柔性化和绿色化。同时，工业5.0还将推动产业链、价值链和创新链的深度融合，构建全新的工业生态体系。《迈向工业5.0》一书旨在全面解读工业5.0的内涵、特征和发展趋势，探讨其对经济社会发展的深远影响。通过深入分析工业5.0的技术基础、产业变革和社会效应，本书试图为读者勾勒一个充满机遇与挑战的未来世界。在此迈向工业

5.0 的崭新时刻，我隆重地向广大读者推荐本书。

陈立峰有着多年的工业实战及管理经验，进入高校工作至今已累计发表了 CSSCI、SSCI、SCI 论文 20 余篇，另发表 EI、SCOPUS、KCI 等期刊论文 10 篇。陈立峰博士期间以第一作者发表 SCI、SCOPUS、KCI 等期刊论文，学术成果位居学院前 5%，博士论文在第 24 届全球商业贸易学术大会（IAGBT）获得最佳论文奖并发表 SSCI，展现出了很强的科研潜力。进入浙江大学公共管理学院博士后流动站后，他主参完成 2 项国家社科课题，主持中国博士后课题、教育部产学研课题和中国国资国企研究院重点课题等 8 项课题。在此期间，他还指导本科生论文公开发表 2 篇 SCI 论文和 2 篇 SSCI 论文。由于科研成果优异，连续两年获得了浙江大学博士后年度考评的优秀评级。另外，他还担任 *Sustainable Development*、*Financial Innovation*、*International Review of Financial Analysis*、*Business Strategy and the Environment* 等国际重要期刊的匿名审稿人。陈立峰硕士研究方向为工业 4.0，博士及博士后的专业研究方向为企业数字化转型与 ESG 绩效、工业 5.0。作为国内首部工业 5.0 的著作——《迈向工业 5.0》一书，可以说是陈立峰将硕士到博士后长期研究成果的集成。此研究成果能够顺利出版，最欣慰者除作者外莫过于业师。相信读者可以体会到那份孟子所云"得天下英才而教育之"的欣慰。

适逢工业 4.0 迈向工业 5.0 的伟大新时代，是为序。

浙大城市学院商学院（原院长）教授、博士生导师

2024 年 5 月 30 日

前　　言

　　当我们站在 21 世纪的第二个十年，回望过去，不难发现工业化进程对人类社会产生了深远的影响。从第一次工业革命的蒸汽机时代，到第二次工业革命的电气化时代，再到第三次工业革命的信息技术时代，以及近年来方兴未艾的第四次工业革命——即工业 4.0 时代，每一次技术革新都极大地推动了社会生产力的发展，重塑了人类的生产与生活方式。工业 5.0 是在工业 4.0 的基础上，进一步强调超越自动化、实现全面智能化的新阶段。它以人为本，强调人的创造力和机器智能的和谐共生，旨在构建一个高度自适应、学习型和可持续发展的工业生态系统。在这个生态系统中，人、机器和资源将以前所未有的方式紧密互联，共同创造出前所未有的价值。工业 5.0，这个充满未来感的概念，预示着我们将进入一个更加智能、更加高效、更加可持续的新时代。《迈向工业 5.0》不仅是对未来工业发展趋势的预测和展望，更是一本关于如何把握历史机遇、应对挑战的实践指南。本书汇聚了众多领域专家的智慧和见解，旨在帮助读者深入理解工业 5.0 的核心价值和意义，以及它将对全球经济、社会和环境产生的深远影响。

在全球竞争日益激烈的今天，无论是国家、企业还是个人，都需要紧跟时代步伐，不断学习和创新。工业 5.0 时代，智能化、网络化、自主化、绿色化等特征将更加凸显。与工业 4.0 相比，工业 5.0 不仅关注生产过程的数字化和智能化，更强调整个工业生态系统的协同、优化和可持续发展。《迈向工业 5.0》为所有关注未来工业发展的人士提供了一份宝贵的参考资料。通过阅读本书，读者可以深入了解工业 5.0 的前沿动态和实践案例，从而为自己的职业发展和社会进步贡献智慧和力量。本书首先回顾了工业 4.0 的发展历程和主要成就，其次详细阐述了工业 5.0 的基本概念、关键技术和应用场景。通过对先进制造技术、人工智能、物联网、大数据等技术的深入剖析，本书揭示了这些技术如何相互作用，共同推动工业 5.0 的实现。同时，本书还从经济、社会和环境三个维度，全面分析了工业 5.0 对可持续发展的贡献和潜在风险。进一步，本书在撰写过程中，参考了大量的文献资料，结合了国内外众多专家的观点和见解，同时还特别注重理论与实践的结合，通过案例分析、数据支撑等方式，力求使本书内容既具有学术价值，又具有实践指导意义。

我们深知，撰写一本关于工业 5.0 的书是一项艰巨而复杂的任务。尽管我们在撰写过程中付出了大量的努力，但由于工业 5.0 本身是一个新兴且快速发展的领域，书中难免存在一些不足之处。例如，对于一些前沿技术的介绍可能不够深入，对于一些问题的分析可能不够透彻。我希望读者在阅读本书的过程中能够保持批判性思维，不断提出新的观点和见解，共同推动工业 5.0 的研究和实践不断向前发展。最后，我们要感谢为本书写作提供支持和帮助的所有人员和机构。感谢各位专家的悉心指导，感谢各位同事的辛勤付出，感谢出版社的精心编辑和校对。正是有了你们的共同努力，才使得本书得以顺利出版。展望未来，工业 5.0 时代将为人类社会带来更加广阔的发展空间和无限可能。让我们携手共进，迈向这个充满挑战与机遇的新时代！在探索未知的道路上，我们期待着与您携手共进，共同迎接工业 5.0 时代的到来。愿本书能成为您迈向未来的灯塔和指南，引领我们在新的工业革命中创造更加辉煌的成就。

目　录

第1章 工业发展史

1.1 工业 1.0 到工业 4.0 回顾

1.1.1 工业 1.0 起源

工业 1.0 始于 18 世纪中叶的英国，并在随后的几十年中逐渐扩散到欧洲和北美。制造业历史上的首个重要转折点的工业 1.0 也被称为工业革命，其核心特征是从手工劳作为主的制造方式向机械化生产的根本转变，彻底改变了社会的面貌和工业的形态。工业 1.0 之前，制造业的特点是手工操作为主，生产效率低下且多在家庭作坊中完成，效率低下的生产方式在逐渐无法满足日益增长的人口和市场需求的背景下显得力不从心。英国在工业 1.0 革命中发挥了核心作用，英国丰富的煤炭资源和相对稳定的政治环境为工业化提供了必要的能源和社会基础。

1.1.1.1 背景与起源

工业 1.0 时代始于 18 世纪末的英国，这个时期的主要特征是机器制造的普及，人类社会从手工制造过渡到机械生产。这个时代的标志性技术是蒸汽机、纺织机和炼铁技术的发明。这些技术的出现使得生产效率得到了大幅提升，推动了工业生产的快速发展。英国发明家詹姆斯·瓦特的改进使蒸汽机成为工业生产的动力核心，瓦特的设计增强了蒸汽机的效率和实用性，使其能够在更广泛的工业应用中发挥作用。瓦特的改进不仅让蒸汽机能提供更稳定、更强大的动力，而且还使得蒸汽机可以被集成到各种机械和工具中。蒸汽机的广泛应用也催生了其他工业领域的机械化进程，例如，在采矿和金属加工行业，蒸汽机被用来驱动抽水机和各种加工设备，极大地提高了生产效率和资源利用率；在交通运输领域，蒸汽机推动了蒸汽火车和蒸汽船的发展，不仅加速了商品和人员的运输，还促进了国内和国际贸易的发展。蒸汽机的应用对 19 世纪的社会经济产生了深远的影响，其不仅引领了生产方式的转变，还改变了劳动力的性质和分布。

随着工业革命的推进，机械化生产开始取代传统的手工生产方式，其核心生产力蒸汽机的发明和应用使得工厂能够大规模生产商品，显著提高了生产效率。蒸汽机的使用促进了如铁路的建设和运营等运输方式的变革，进一步推动了城市化进程，工人从农村涌向城市，寻求工厂的工作机会。工厂系统的兴起导致了城市化进程的加速和社会结构的变化。此外，工业1.0时期还见证了生产流程的标准化。机器的引入使得可以批量生产标准化的零件和产品，不仅提高了生产效率，还降低了成本。标准化的生产方式使产品质量更加稳定，为后续的大规模生产模式奠定了基础。

1.1.1.2　社会经济影响

工业1.0伴随着机械化和工业化的兴起，社会和经济结构经历了深刻的变革，显著特征是劳动力从农业向工业部门的大规模迁移。随着工厂的建立和机械化生产的推广，大量农村劳动力涌入城市，寻找新的就业机会。人口流动导致城市人口的急剧增加，带来了城市规划和社会基础设施建设的巨大挑战。城市环境的快速变化也迫切需要新的住房、交通和公共服务以满足日益增长的城市人口需求。

　　工业 1.0 时期的经济变革也深刻影响了全球经济格局。经济结构从以农业为主导转变为以工业为主导，转变的核心是机械化生产的兴起。机械化不仅极大地提高了生产效率，也使得大规模生产成为可能，从而降低了产品成本，因此商品更加丰富和便宜。此变化不仅推动了国内消费市场的扩展，也促进了国际贸易的增长。全球贸易网络的扩张加速了不同国家和地区间的经济联系，促进了全球经济一体化的进程。工业化进程中的技术创新和生产方法的改进，不仅改变了商品的生产和分配方式，也推动了新的商业模式和市场机制的发展。工业 1.0 时期经济模式的变化还伴随着社会结构和劳动市场的变化。工业生产的集中化和规模化导致了劳动力的重新分配，同时也引发了城市化和社会阶层结构的变动。工厂主和资本家成为社会经济的新兴力量，而工人阶级的规模和影响力也日益增长。然而，同时期的工人通常面临艰苦的工作条件，且缺乏有效的劳动法律保护，导致了工人运动和社会改革运动的兴起，促进了社会权利和福利的发展。工业 1.0 也催生了技术和科学的创新，机械化生产的需求不断推动工程学、物理学等学科的发展，为后续的技术革命和科学进步奠定了坚实的基础。

　　工业 1.0 时期最明显的变化是生产方式的根本转变，机械化生产的引入极大地提高了生产效率并推动了工业化国家的经济增长。工厂系统的兴起使得生产规模扩大，商品多样化和价格下降，从而促进了消费市场的扩展。然而，快速的工业化进程还带来了环境污染和资源过度开采的问题，这些问题对后续的环境政策和可持续发展产生了深远影响。总体来说，工业 1.0 时期对现代工业社会的形成产生了深远影响，不仅改变了生产和消费的模式，还重塑了社会结构和文化观念。工业 1.0 的经验和教训为后续的工业发展和社会变革提供了宝贵的参考，如何平衡经济发展和社会福祉、如何应对环境等问题至今仍是全球范围内关注的焦点，对人们理解和应对现代社会的各种挑战提供了重要的历史视角和启示。

1.1.2　工业 2.0 概述

工业 2.0 从 1870 年开始，一直持续到第一次世界大战的爆发。这个时期的主要特征是流水线生产的普及和电气革命的推动。流水线生产的出现使得生产过程更加规范化、标准化，进一步提高了生产效率，同时标志着以蒸汽为主要动力的工业生产向电力驱动的生产方式的转变。电力的广泛应用和流水线生产技术的发展极大地提高了生产效率和规模，同时改变了生产方式与社会体制。

1.1.2.1　背景与起源

工业 2.0 的起源和发展是一个多方面推动的过程，其核心在于电力的发明和应用，标志着以蒸汽机为主要动力源的工业 1.0 时代过渡到以电力为核心的工业 2.0 时代。电力的广泛应用极大地增强了工业生产的灵活性和效率，使得工厂不再受限于水流或蒸汽源的位置，而在更加多样的地理位置上建立。此外，电力的使用还促进了机器效率的提升和生产过程的自动化。

技术创新和工程进步在工业 2.0 时期也起到了决定性作用，新的工程技术和材料的发展使得大规模生产成为可能。例如，钢铁的广泛使用改善了机械的性能和耐用性，也为建筑业和基础设施建设提供了更强的材料。工业 2.0 时期见证了流水线生产方式的诞生，通过将工作分解成一系列简单的任务，提高了生产效率，降低了制造成本。流水线生产的引入不仅改变了生产模式，还促进了大规模消费品的生产，如汽车和家用电器等产品的普及对社会生活产生了深远的影响。亨利·福特的汽车流水线是这一时期最著名的案例之一。流水线生产方式通过将复杂的生产过程分解为一系列简单、重复的任务，显著提高了生产效率和产品一致性。流水线生产模式不仅提高了效率，还降低了成本，使得之前被视为奢侈品的商品如汽车变得更加平价,普通消费者也能够负担得起。流水线生产模式的推广和应用,不仅改变了工业生产的面貌,也改变了社会的消费模式和生活方式,推动了现代消费社会的形成。

电力的广泛应用成为工业 2.0 时期的关键技术和革命性变革。电力的引入不仅代表了能源使用的跃进,还为工业生产方式带来了根本性的改变。相较于蒸汽动力,电力提供了一种更清洁、高效的能源,提高了工业生产的效率和灵活性。工厂不再受限于特定的地理位置,如靠近水源或煤矿,从而可以根据战略需要在更多地方建立。电动机的出现进一步推动了这一变革,使工业机械变得更加强大和灵活。电动机的应用极大地提高了各种工业机械的性能,从而推动了生产效率的显著提升。总体来说,电力革命和大规模制造的发展是工业 2.0 时期的重要特征,不仅推动了技术和经济的发展,也对社会结构和文化产生了深远的影响。

1.1.2.2 社会经济影响

工业 2.0 时期对生产方式与社会体制均产生了深远的影响。首先,技术革新使得产品能够大规模生产,显著降低了生产成本,同时拓展了市场规模。技术革新不仅极大地改善了人们的生活水平,还促进了消费文化的形成,商品变得更加丰富和便宜,普通消费者都能够享受到之前无法想象的产品和服务。然而，尽管工业 2.0 提高了生产效率，却也带来了工人阶级的剥削问题。工人们常常面临长时间劳动、低工资和恶劣的工作条件。这些问题最终导致了工人运动的兴起和劳动法的发展，推动了社会权利和福利的进步。工业 2.0 时期的城市化进程和全球化的加速也对社会结构和经济模式产生了深远的影响。随着工业化的推进，大量人口从农村地区迁移到城市，寻找新兴工业提供的工作机会。迅速的人口迁移导致城市人口激增，城市环境和居住条件因此受到了压力，住房短缺和基础设施不足成为普遍现象。此外，社会阶层分化也日益加剧，资本家和工人阶级之间的差距不断扩大，引发了社会矛盾和紧张。工业 2.0 时期的全球化趋势也对国际关系产生了显著影响，交通和通信技术的发展促进了国际贸易和文化交流，同时也加剧了国家间的竞争，导致帝国主义扩张和殖民地争夺。工业 2.0 时期的变革不仅重塑了经济和社会结构，也对现代世界的形成产生了重要影响。

进一步，科学和技术的发展取得了突破性进展为后续的技术革新奠定了基础，并对人类社会的多个方面产生了深远的影响。这一时期，电学、化学和物理学等领域的进步，不仅推动了工业生产的进一步发展，也为日常生活带来了革命性的变化。电力的广泛应用改变了人们的生活和工作方式，为家庭和工业提供了更高效的能源解决方案。

化学的进步推动了新材料的开发和医药领域的突破，而物理学的发展则为后来的电子学和通信技术奠定了理论基础。这些科学进步不仅提高了生产效率，还提高了人类生活质量，促进了健康和福祉的提升。总体来说，工业2.0时期的变革为现代工业社会的进一步发展奠定了基础，这些变革不仅在技术上实现了飞跃，也在社会结构和经济模式上经历了深刻的变化，其影响至今仍然可以在全球范围内感受到。

1.1.3　工业3.0发展

工业3.0始于20世纪60年代末期并一直持续到21世纪初。工业3.0的核心特征是自动化生产和计算机技术的普及，推动了计算机、数控机床、自动化生产线等电子信息技术的迅速发展。这些技术的出现使得生产过程更加智能化，大幅提高了生产效率和产品质量，标志着从传统的工业制造向自动化和数字化制造的转变。

1.1.3.1　背景与起源

工业3.0的起源与电子信息技术的发展紧密关联，1969年，第一台可编程逻辑控制器（programmable logic controller，PLC）的发明，被认为是工业3.0时期的开端。

PLC 的出现为工业生产提供了前所未有的控制精度和灵活性，使得工业过程可以通过电子方式进行精确控制。PLC 的应用极大地提高了生产效率，减少了人为错误并优化了生产流程。随后，计算机技术的飞速发展为工业自动化提供了更强大的动力，计算机不仅在控制过程中发挥着核心作用，还通过数据分析和管理软件优化了整个生产链的运作。工业 3.0 时期，工业生产开始从单纯的机械化向集成电子技术和计算机技术的智能化迈进，开启了生产效率、产品质量和操作灵活性的新阶段。

工业 3.0 时期的技术进步不仅改变了工厂的运作方式，还对整个社会经济产生了广泛影响。自动化技术的应用减少了对人力的依赖，改变了劳动力市场的结构。同时，技术革新也催生了新的行业和职业，如软件开发、系统分析和网络管理等。此外，计算机技术和自动化的融合不再局限于制造业，还扩展到了物流、零售和服务等多个领域，推动了整个社会经济结构的转型。

工业 3.0 时期的关键技术革命主要集中在计算机和自动化技术的飞速发展。计算机辅助设计（computer aided design，CAD）和计算机辅助制造（computer aided manufacturing，CAM）的应用，成为设计和生产过程中不可或缺的部分。CAD 技术使得工程师能够在计算机上进行更复杂和精确的设计工作，极大地提高了设计的灵活性和创新能力。

而 CAM 技术的应用则使得这些复杂设计能够快速、准确地转化为制造指令，直接影响到生产线，大幅提高生产效率和产品质量。技术的融合不仅改变了传统的设计和制造流程，也推动了制造业的数字化和智能化进程。此外，整体制造执行系统（manufacturing execution system，MES）的发展也是工业 3.0 时期的重要特征之一。MES 系统的引入，实现了生产过程中从原材料采购到产品制造再到质量控制各个环节的整合和优化。通过 MES 系统，企业能够实时监控生产进度，准确掌握库存情况，及时响应市场变化。MES 系统的应用提高了生产过程的透明度和效率的同时，降低了生产成本，提高了市场响应速度。总结来说，工业 3.0 时期的信息技术革新不仅推动了制造业的转型升级，也为后续的工业 4.0 时代奠定了技术基础。

1.1.3.2　社会经济影响

自动化技术，特别是机器人和自动化生产线的应用，使得很多领域的生产过程更加高效，大大加快了生产速度，同时降低了生产成本。技术的应用不仅改善了生产流程，还提高了产品质量和生产安全性。然而，随着生产过程的自动化和数字化，对高技能劳动力的需求也显著增加。工人不仅需要具备操作机器的技能，还需要掌握相关的技术和编程知识，引致了劳动力市场的结构发生了变化，对教育和培训提出了更高的要求。

工业 3.0 时期的全球化进程加速了世界经济的融合和互联互通。信息技术的发展极大地促进了这一进程，使得世界各地的企业和市场能够更加紧密地联系在一起，实现了资源、信息和技术的全球共享。供应链的全球扩张意味着生产不再局限于特定地区，可以在世界各地进行的同时销售市场也变得更加广阔，为企业提供了更多的市场机会。全球化趋势不仅改变了企业的运营模式，也加强了国际经济交流和合作，促进了不同国家和地区间的经济一体化。同时，工业 3.0 时期也催生了许多新的行业和就业机会，如软件开发、网络服务和电子商务等，新兴行业的发展不仅为经济发展注入了新的活力，也为劳动力市场带来了新的机遇和挑战。随着新型行业的兴起，对技术和管理方面的专业人才需求增加，同时也推动了相关教育和培训领域的发展。然而，全球化也带来了一系列挑战，如经济不平等、文化冲突和环境问题等。

工业 3.0 带来的变革虽然推动了技术和经济的发展，也引发了一系列新的社会挑战。自动化和数字化的普及导致了大量传统制造业工人的失业，加剧了社会的不平等现象。随着机器和自动化技术在生产过程中的应用日益普及，许多传统的手工操作岗位被机器取代，导致了工人阶级的就业困难和生活不稳定。此外，信息技术的飞速发展也带来了信息安全和隐私保护的新挑战。随着企业和政府机构收集和处理越来越多的数据，如何有效保护个人信息和企业敏感数据，防止数据泄露和滥用成为重要议题。安全隐私问题不仅涉及技术层面的解决方案，也涉及法律和政策层面的规范和管理。总体来看，工业 3.0 的技术变革对社会经济结构产生了深远的影响，它不仅推动了技术和经济的快速发展，还对社会结构和文化产生了重要影响，这些影响至今仍在全球范围内显现。

1.1.4　工业 4.0 现状

工业 4.0 概念于 2013 年 4 月的汉诺威工业博览会上首次推出，迅速成为德国的另一标签，并在全球范围内引发新一轮的工业转型竞赛。工业 4.0 时代是当前我们正在经历的时期，其核心理念是将数字技术深度融入生产和运营中以促进工业数字化和智能化转型，其中包含智能制造等新兴技术的广泛应用。总体而言，蒸汽机在 17 世纪为制造业提供动力，在 18 世纪的生产机械电气化发展促进了 19 世纪的流水线大规模生产。20 世纪以来，信息技术的高速普及是向工业 4.0 转型的关键驱动因素，图 1-1 详细描述了历次工业革命的变化内容。

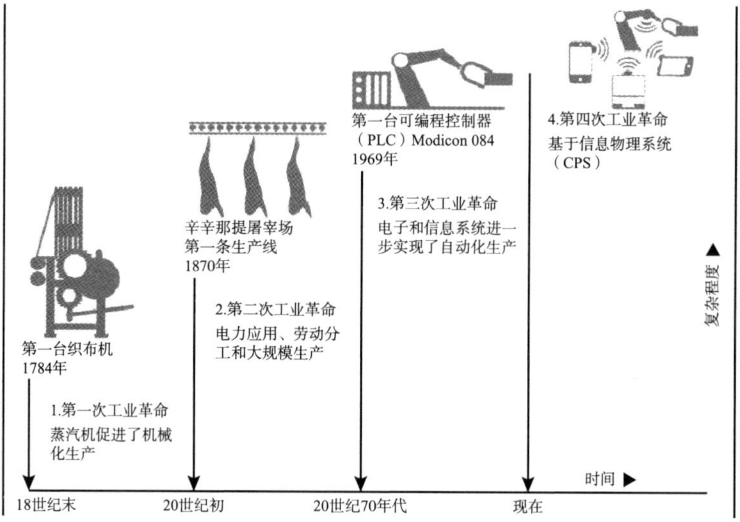

图1-1　工业1.0到工业4.0发展历程

资料来源：Toro 等，2015.

1.1.4.1　背景与起源

工业4.0的概念首次于2013年在德国提出，并很快获得全球工业界的广泛认同，成为推动未来制造业发展的重要方向。工业4.0的核心在于利用物联网（internet of things，IoT）、大数据和云计算等数字技术，创造更智能、更高效、更灵活的生产系统。工业4.0理念正在推动生产方式的根本变革，塑造一个更加互联互通、高效灵活的全球工业生态系统。IoT技术使生产设备、仓库系统和物流网络能够通过互联网连接并实时交换数据，极大地提高了生产过程的透明度、效率和灵活性。大数据技术允许企业处理和分析海量数据，以便更好地理解市场趋势、消费者行为和生产过程中的潜在问题，从而为企业决策提供数据支撑。基于互联互通的实体，企业能够通过云计算实现数据的即时交换和分析，优化生产流程、预测设备维护需求和增强客户体验。因此，IoT 技术使得设备之间能够相互连接、互相交流，实现生产过程的全面数字化，云计算、大数据等技术进一步促进了工业生产的智能化发展。工业 4.0 已经超越了传统的生产流程范畴，成为一种全新的生产方式。工业 4.0 技术的应用与普及使得生产过程实现了高度数字化和智能化，企业能够实时收集和分析生产数据进而优化生产过程与管理决策。

赫尔曼等（Hermann et al.，2016）在谷歌学术搜索（Google Scholar）平台检索"Industry 4.0"和"Industrie 4.0"的结果如表 1-1 所示，表明学术界早期对工业 4.0 的研究主要集中于信息物理系统（cyber physical systems, CPS）和 IoT 技术。CPS 是一个综合计算、网络和物理环境的多维复杂系统，IoT 技术使得设备和系统能够进一步连接和交流，为生产过程提供了实时的数据和反馈，从而全面提高生产效率和产品质量。

表 1-1　　　　　2016 年"工业 4.0"概念统计结果

搜索词（组）	搜索词（组）出现次数
1. Cyber Physical Systems（网络物理系统）	46
2. Internet of Things（物联网）	36

搜索词（组）	搜索词（组）出现次数
3. Smart Factory（智能工厂）	24
4. Internet of Services（互联网服务）	19
5. Smart Production（智能生产）	10
6. M2M（机器交流）	8
7. Big Data（大数据）	7
8. Cloud（云计算）	5

资料来源：笔者自行检索制表。

随着工业 4.0 时代的推进，陈和金（Chen & Jin，2020）进一步使用相同关键词进行检索分析的结果表明，Big Data（大数据）和 Cloud（云计算）的学术研究于近年呈倍数级增长（见表 1-2）。一方面，大数据基础技术提高了工业生产的可控性与灵活性，基于数据存储为企业开辟了新的商业模式。另一方面，云计算的普及为企业提供了强大的数据处理能力和存储能力，使企业能够更有效地管理资源的同时降低了 IT 基础设施的成本，基于大数据对社会结构产生了更为深远的影响作用。因此，当前工业 4.0 的定义为使用 IoT 技术建立一个由智能实体构成的智能工厂，基于大数据和云计算等手段促进信息共享以实现智能产品的智能化生产与制造（Kim，2019；Chen & Jin，2020）。

表 1 - 2 2019 年"工业 4.0"概念统计结果

搜索词（组）	搜索词（组）出现次数
1. CPS（网络物理系统）	66
2. Internet of Things（物联网）	47
3. Internet of Services（服务互联网）	45
4. Smart Factory（智能工厂）	39
5. Smart Product（智能制造）	29
6. Cloud（云计算）	25
7. Big Data（大数据）	24
8. RFID（射频识别）	13
9. Human-machine-Interaction（人机交互）	6
10. M2M（机器交流）	5
11. Virtualization（虚拟化）	4

资料来源：笔者自行检索制表。

　　未来的工业机器人能够自主执行复杂任务的同时不断进行网络学习，为此机器学习将在工业 4.0 和智能制造发展进程中扮演重要角色。工业机器人通过网络学习和任务优化提高生产效率和产品质量，通过学习和适应环境不断提升功能及性能。此外，增强现实技术能够提供更直观的数据展示和交互方式，提高工作效率和准确性，并已在工业 4.0 中得到初步应用。如为工作人员提供实时信息和指导以及在设计和维护工作中的使用，将对未来的生产流程产生革命性的改变。总体而言，工业 4.0 时代的关键技术包含了 IoT、大数据、云计算、机器学习和增强现实等一系列新兴技术的融合发展，共同定义了智能化制造和网络化生产的新纪元。

1.1.4.2　社会经济影响

工业 4.0 对社会经济产生了深远的影响体现在多个方面。首先，工业 4.0 通过智能制造和自动化技术的应用，极大地提高了生产效率，使得个性化生产和服务成为可能。不仅提高生产过程中更高的效率和灵活性，也意味着消费者能够获得更加多样化和个性化的产品和服务。其次，智能制造的推广使得资源使用更加高效，降低了生产成本的同时也减少了对环境的影响。这些技术的应用不仅帮助企业提高了竞争力，也对环境保护和可持续发展产生了积极影响。

工业 4.0 时期自动化和智能化技术发展对就业市场产生了深远的影响，随着这些技术的普及和应用，对高技能工人的需求显著增加。工人不仅需要掌握传统的操作技能，还需具备更高层次的技术理解、编程能力和数据分析技能。随之而来的是教育和培训系统面临的挑战，企业需要更新课程和培训方法，以满足快速变化的技术和劳动力市场的需求。与此同时，如简单的装配线作业和重复性高的任务的传统低技能工作可能因为自动化技术的应用而减少或消失。就业市场结构的变化可能导致短期内的就业不稳定和职业转换的困难，需要政府和社会各界共同努力，提供重新培训和再就业支持，帮助受影响的工人适应新的就业环境以解决此困难。此外，工业 4.0 时期大量数据的收集和分析也为数据安全和隐私保护带来了新挑战。企业和政府部门收集的数据范围日益广泛，任何数据泄露都可能导致严重的经济损失和信任危机。因此，确保数据安全和保护个人隐私成为企业和政府必须面对的重要议题。企业和政府需要采取更强大的数据加密技术、更严格的数据访问控制和更全面的隐私保护政策。与此同时，公众对于自己的数据如何被收集、使用和保护的意识也需要增强，要求企业和政府在使用数据时必须更加透明和负责。总体而言，工业 4.0 时期的这些变革不仅在技术层面推动了产业的发展，还在社会层面引发了一系列挑战和机遇，对劳动市场、教育体系、数据安全和隐私保护等方面产生了深远的影响。

1.2　工业 4.0 经典案例

1.2.1　西门子数字工厂：工业 4.0 的先行者[①]

引入工业 4.0 技术之前，西门子阿默贝格工厂的生产

---

① Siemens. Showcasing Industrial Digitalization to the World［EB/OL］. https：//blog. siemens. com/2021/02/showcasing – industrial – digitalization – to – the – world，2023 – 12 – 10.

过程以人工组装为主，不仅耗时而且容易出错。为了提高效率和减少错误，西门子在阿默贝格工厂引入了一系列的技术革新，包括超过 1000 台自主机器人的部署，大幅提高了组装产品的效率和准确性。自主机器人配备有高级传感器，能够在工厂内自主导航，同时避免与其他机器人和人类工作人员发生碰撞，自主导航技术的应用不仅提高了生产效率，也提升了工厂的安全性。

此外，阿默贝格工厂还实施了其他工业 4.0 关键技术。工厂内部的实时数据分析系统能够持续监控机器的性能、及时识别潜在问题并加以解决。此外，工厂利用 AR 技术培训员工执行复杂任务。AR 技术的应用不仅提高了员工的工作效率，也加强了整个生产流程的质量控制。通过工业 4.0 技术的应用，西门子阿默贝格工厂实现了生产效率和质量的双重提升，工厂能够生产更多种类的产品快速响应客户需求，快速响应市场的能力不仅提高了客户满意度，也增强了西门子在市场上的竞争力。同时，由于减少了错误和缺陷，产品的整体质量得到了显著提升。此外，西门子还专注于深化工业 4.0 的各个元素，如产品和生产过程的数字孪生、协作型轻型机器人、灵活的自动传输系统（flexible transport system，FTS）、3D 打印技术，以及 IoT Mind-Sphere 平台的应用。上述技术的综合应用不仅提高了工厂的自动化水平，也为制造业的数字化转型提供了一个典范。

总的来说，西门子阿默贝格工厂的工业 4.0 转型不仅在制造效率和质量控制方面树立了新标准，还在实现更高水平的"零缺陷生产"迈出重要步伐。企业实时通过中央质量管理系统获取的产品质量数据，使现场生产经理在问题实际出现前注意到潜在问题。产品质量数据为预测模型的使用奠定了基础，预测模型不仅能更早地识别和报告过程偏差，还能独立向员工提出解决问题的措施，经此测试和停机时间已经减少了 40%。

进一步，西门子 Ferrero 集团实施的数字孪生虚拟工厂也是工业 4.0 的创新应用。Ferrero 使用 "Tecnomatix Plant Simulation" 软件，能够在虚拟环境中模拟和优化高架仓库的运营流程，大幅降低了实际调试阶段所需的时间和成本。数字孪生技术的应用确保 Ferrero 在实际操作之前，发现数字空间中的潜在问题并加以解决，前瞻性的故障预测和预防管理方法提高了效率，也提升了整个生产线的可靠性。高架仓库的调试时间从通常要花费半年时间才能达到的 98% 目标可用性减少到了 30%，数字孪生技术的引入大大超出了常规的效率标准。此外，热运行阶段前，约 95% 的潜在错误被识别出来，对于维护生产线的稳定运行和减少非计划性停机具有重要意义。数字孪生虚拟的应用不仅凸显了西门子在工业自动化和数字化转型方面的领导地位，也为其他制造业公司提供了数字化升级的蓝图。通过数字孪生技术，企业能够在不影响现有生产的前提下进行生产线的升级和优化，对于追求持续改进和竞争优势的现代制造业来说至关重要。

1.2.2 博世斯图加特工厂：工业4.0转型升级的里程碑[①]

博世斯图加特（也称作"博世"）工厂的工业4.0转型之旅始于2011年，过程的中心在于引入智能机器、联网设备和自组织系统从而大幅提升生产效率并增加定制化生产的灵活性。转型的重要里程碑发生于2014年，博世推出了与人工并肩作业的机器人APAS，此技术创新不仅代表了人机协作（human-robot collaboration，HRC）在实际应用中的重大进步，也体现了工业4.0理念在智能化生产中的深入实施。2020年，博世斯图加特－费尔巴赫工厂进一步加强其技术革新，通过实施5G网络，该工厂实现了极其可靠和超快速的数据传输并确保了机器的即时反应能力，无线通信在此成为标准。博世斯图加特工厂等一系列的转型措施不仅使其成为生产效率和灵活性的典范，还凸显了博世在制造业数字化和智能化发展中的领导地位。通

---

① Bosch. Ten years of Industry 4.0 ［EB/OL］. https：//www.bosch.com/stories/10 - years - industry - 4 - 0, 2023 - 12 - 11.

过工业4.0技术创新和应用，博世在生产过程中实现了效率的大幅提升，还加强了对市场变化的快速响应能力，展示了工业4.0在现代制造业中实现智能化和灵活化生产的巨大潜力。

博世斯图加特工厂作为全球范围内工业4.0实践的杰出示例展示了如何通过引入尖端技术来提升生产效率并加快市场响应速度。面对生产效率和市场响应速度的双重挑战，博世采用了IoT、人工智能、大数据分析和自动化等多种技术。通过在生产线上部署数千个传感器和智能设备，博世实现了对生产过程的实时监控和数据分析，实时监控和分析不仅提高了生产流程的效率，还优化了资源利用，例如，数据驱动决策使得生产步骤时间缩短5%的同时带来整体生产效率提升7%，显著降低了资源浪费。质量控制方面，人工智能和机器视觉的应用显著提高了检测的准确性，不仅减少了产品返工，还使得产品缺陷率降低约10%，博世斯图加特工厂在生产效率和质量控制方面取得了显著进步。

博世斯图加特工厂在提升生产的灵活性方面做出了杰出的努力，其策略的核心在于数字化的生产管理系统和模块化的生产设备应用。通过先进技术的应用，博世生产线能够快速而有效地根据订单需求进行调整。快速反应能力大大超越了传统制造业的模式，标志着博世在市场适应性

23

方面取得了巨大的进步。提升生产效率的同时，也体现在对资源使用的优化和对市场需求的快速响应能力上，进一步增强了博世产品的市场竞争力。通过这些技术创新和工艺改进，博世不仅提高了生产效率，还实现了对生产过程的精细管理从而在制造业领域树立了新的标杆。博世斯图加特工厂的成功案例清楚地展示了工业 4.0 理念在实际应用中的巨大潜力，为制造业的未来发展提供了新的方向，展示了如何通过技术创新和工艺改进来满足快速变化的市场需求。

1.2.3　通用电气的预测性维护：工业 4.0 前沿技术革新应用[①]

通用电气（General Electric）制造工厂中的预测性维护和大数据分析实践展示了制造业中工业 4.0 技术的转变。通用电气主要关注于检测、诊断和预测机器部件的故障和磨损，希望有效预防意外停机并识别问题的根本原因，从而制定出更高效的维护计划和优化策略。为了实现此目标，通用电气研究中心（GE Research）开发了早期预警和预测性维护两大类技术。早期预警技术不论系统处于哪种操作

---

　　① General Electric. Predictive Maintenance │ GE Research ［EB/OL］. https：//www. sohu. com/a/339109831_803757，2023 - 12 - 13.

模式或环境中，都能够及时检测到系统操作中的异常行为，其适用于多个工业领域，通常作为预测性健康管理（prognostics health management，PHM）系统的第一部分。预测性维护技术则进一步提供了长期的行为和寿命预测，通过预测剩余有效寿命、减少能力的时间和可能的紧急情况，帮助规划检查、维护、修理和备件库存管理。GE 研究中心的两大类技术基于一套混合建模技术，结合了领域物理学知识和现场系统的实时监控数据以及仿真数据。其研发的预测性维护技术已经被应用在多个 GE 的产品和平台上，例如，GE 交通的 Expert on AlertTM 系统、GE 医疗保健的 Tube WatchTM 系统和 GE 航空的基于分析的维护 TM 系统。上述系统不仅降低了 GE 航空业务的服务成本，而且还帮助客户更好地管理他们的飞机机队以最大化飞机的使用率和效率。

通用电气通过实施预测性维护和大数据分析，展示了工业 4.0 技术如何在提高效率、质量和生产力方面改变制造业。技术的应用使制造公司在日益数字化的世界中保持竞争力的同时提高了产品的质量和客户满意度。通过采纳先进技术，制造业可以实现更高的自动化水平，更好地适应市场的变化和需求，从而在全球市场上保持领先地位。

1.2.4 哈佛机器人实验室：精密制造的典型案例[①]

哈佛大学怀斯研究所（Wyss Institute）和约翰·A. 保尔森工程与应用科学学院（SEAS）研究人员共同开发的"Pop-Up MEMS"微制造技术是一项创新的技术突破。此技术灵感来源于儿童立体书和折纸艺术，其核心在于将平面材料转化为三维微型结构，不仅加速了微型机器人的生产，还大幅降低了成本，特别适用于需要精确控制形状和尺寸的应用，如微型机器人和微型医疗设备。"Pop-Up MEMS"技术首次将传统微型机器人制造过程从繁复的手工操作转变为自动化的批量生产。传统的微型机器人制造过程通常需要精密的手工装配，而新方法则使用了层压和折叠技术，使得微型机器人可以快速、精准地制造出来并大大减少了人工干预和时间成本。"Pop-Up MEMS"技术的关键创新是能够精确控制机器人的微观尺寸和形状，尤其是对于医疗手术的高精度应用尤为重要。罗伯伍德博士领导的团队在微型机器人制造方面取得了重大进展。团队研发的 RoboBee 微型飞行机器人首飞于 2012 年。通过不断迭代改进制造过程，团队不仅提高了 RoboBee 的飞行能力，

26

---

① Harvard University makes soft robots more usable [J]. Man-made Textiles in India, 2020（7）：48.

还赋予了它如停留和游泳等额外的技能。此外，团队还研发了其他多种微型机器人，包括 HAMR（一种受蟑螂启发的爬行微型机器人）、milliDelta（一种毫米级的 Delta 机器人），以及用于微创手术的微型机器人激光导引设备。微型机器人在高精度制造、医疗和生物工程领域的应用潜力巨大，预示着工业 4.0 时代的到来。

随着精密技术的发展，哈佛机器人研发不仅代表了工业 4.0 研究的前沿，也为微型机器人在商业领域的应用和发展奠定了坚实基础。例如，Wood 的弹出式制造技术可以显著缩小手术机器人的尺寸，从而为机器人手术程序开辟了新的可能性。机器人技术的商业潜力已经引起了投资界的注意，2022 年，风险投资机构 1955 Capital 的创始人组建了一个拥有丰富风险投资、生物医学工程和手术机器人经验的团队，推动了名为 1985 项目的发展。1985 项目旨在将先进微型机器人技术应用于实际的商业场景，开创微型机器人技术新纪元。微型机器人的开发和应用展示了工业 4.0 在高精度制造领域的巨大潜力。通过精密的微型制造技术，微型机器人不仅能够执行复杂的任务，而且还能够在医疗、生物工程和其他高精度制造领域发挥重要作用。

1.3 工业发展启示

1.3.1 技术创新层面

工业 4.0 发展历程揭示了多项技术领域的融合为制造业带来革命性改变。跨学科的技术融合成为创新的关键驱动力，改变了生产方式的同时对产品设计和服务模式产生了深远影响。IoT 技术使得生产设备和系统实现高度互联，为生产过程提供了前所未有的透明度和控制能力。大数据和人工智能的结合使企业能够从大量数据中提取有价值的部分用于优化运营和增强决策制定。技术的结合推动了生产方式的重大变革，使得制造过程更加灵活，支持了按需生产和个性化定制。企业根据实时数据快速调整生产策略更好地满足市场需求。同时，工业 4.0 也对社会经济结构产生了深远的影响。自动化和智能化技术的发展导致了就业市场的变化，企业对高技能工人的需求增加的同时也可能导致一些低技能工作的消失。数据安全和隐私保护成为重要议题，企业和政府需要采取措施确保数据的安全，保护个人和商业数据不被泄露或滥用。总体来说，工业 4.0

开启了一个新的时代，这个时代不仅标志着技术的进步，也预示着社会和经济模式的重大变革，对我们的工作和生活方式产生了深远的影响。

促进技术创新与个性化需求的相互适应在工业 4.0 时代已成为重要的发展策略。随着消费者对产品和服务个性化需求的不断增长，企业需要通过技术创新来满足这些多样化的需求。这一过程不仅涉及产品设计和生产的创新，还包括市场策略和客户服务的改进。技术创新，特别是在数字化和智能化技术方面的进步，为满足个性化需求提供了强大的工具。例如，数据分析和人工智能技术可以帮助企业更准确地理解和预测消费者的需求，从而设计出更符合消费者期望的产品和服务。通过如 3D 打印等数字化制造技术，企业可以快速且成本有效地生产个性化产品。智能化的供应链管理系统能够提高企业对市场变化的响应速度，确保生产过程的高效和灵活。为了更好地满足个性化需求，企业正在采用更加灵活和模块化的产品设计，使得产品能够根据不同客户的需求进行快速调整和定制。进一步，企业也在使用更高级的用户界面和交互技术，提供更加个性化和互动的客户体验。例如，通过虚拟现实和增强现实技术，消费者可以在购买前更直观地体验和定制产品。技术创新不仅提高了产品和服务的吸引力，也为企业带来了新的竞争优势。

1.3.2 生产效率层面

生产方式的变革是工业发展的另一个重要趋势，特别是从传统的大规模标准化生产向更加灵活的定制化生产转变。生产方式的转变主要由消费市场的需求多样化和个性化推动。大规模标准化生产在过去因其经济规模效应而成为主流，企业通过大量生产单一或少量标准化产品以降低成本。然而，随着消费者需求的日益多样化和个性化，单一的生产方式逐渐无法满足市场需求。如今消费者更加注重产品的个性化和定制化，要求生产方式必须更加灵活。因此定制化生产成为新的发展方向，企业需要能够快速响应市场变化，灵活调整生产线以生产多样化的产品。企业正采取多种策略和技术实现灵活的定制化生产，其中最关键的是采用先进的制造技术和智能化的生产系统。例如，数字化制造和 3D 打印技术使得快速定制成为可能，企业可以根据客户的具体需求快速制造出个性化产品。此外，基于人工智能和机器学习的智能化的生产系统可以实现生产过程的自动化和优化，提高生产的灵活性和效率。在新型生产系统的帮助下，企业可以更加灵活地调整生产计划和流程，快速适应市场变化。此外，供应链的灵活性和响应性也是实现定制化生产的关键。这要求企业建立更加紧密和协调的供应链关系，确保原材料的及时供应和生产过程的高效协调。

通过分析博世、西门子和通用电气等公司的案例，深入理解工业 4.0 的核心在于通过技术整合实现生产效率和市场响应的最优平衡。博世案例中 IoT 技术使设备自动报告其性能状态和维护需求从而减少了停机时间，提高了生产线的整体效率。西门子利用其数字化平台实现了工厂数据的集中管理，通过数据分析和机器学习算法优化生产流程，提高了对市场变化的快速响应能力。通用电气则通过预测性维护技术降低了设备故障率，减少了生产延误，确保了生产过程的连续性和稳定性。上述案例揭示了工业 4.0 不仅是技术的升级，更是生产和管理方式的革新。企业需要不断适应新技术并将其整合到现有的生产和运营流程中以提高效率并适应快速变化的市场需求。在技术革新过程中，企业需要投资于技术研发和员工培训，以确保技术的有效应用和员工技能的提升。

1.3.3　可持续发展层面

工业 4.0 目标不是一个静态的终点，而是一个持续的创新过程，在其理论实践中表现得尤为明显。可持续过程要求企业不断探索和实验新技术，以适应快速变化的市场和技术环境，持续的技术创新和改进是保持企业竞争力的关键。企业需要跟踪最新的技术趋势，并探索 IoT、大数据、人工智能、机器学习和云计算等技术如何能够帮助提高效率、降低成本和创造新的商业机会。同时，企业也需要关注技术的实际应用和集成，确保技术投资能够转化为可持续的生产力和市场优势。此外，企业在实施工业 4.0 过程中，需要重视技术与业务战略的融合。这意味着企业不仅要关注技术本身，还要考虑如何将技术应用于解决具体的业务问题，以及如何将技术创新与企业的可持续发展战略相结合。产品的差异化需求正促使生产制造业加速发布设计和推出产品，尤其是在生产制造领域，需求推动着新一轮的生产制造革命以及技术与解决方案创新。随着个性化需求的日益增强，当技术与市场环境成熟时，此前为了提高生产效率、降低产品成本的规模化、复制化生产方式也将随之发生改变（张雍达和宋嘉，2021）。为此，可持续发展需要企业培养一种开放和协作的文化，鼓励跨部门和跨学科的合作，以促进知识共享和创意的产生。同时，企业也需要建立起适应快速变化环境的敏捷和灵活的组织结构，以快速响应市场变化和技术发展。

进一步，全生命周期管理是现代工业中越来越受重视的一个概念，它强调在产品的设计、制造直至回收再利用的整个过程中考量环境影响。全生命周期管理方式的核心在于实现可持续发展，即在满足当前需求的同时，不损害未来世代满足自身需求的能力。在产品设计阶段，全生命周期管理要求设计师从环境影响的角度出发，考虑到产品的耐用性、维修性以及最终的可回收性。这意味着使用环境友好的材料，采用能够减少资源消耗和废物产生的设计原则，如模块化设计和易于拆解的设计。此外，产品设计还应考虑能效并尽量减少在使用过程中的能源消耗。在产品制造阶段，全生命周期管理注重生产过程的环境影响，包括采用清洁和高效的生产技术，减少生产过程中的废物和排放以及提高原材料的利用率。例如，通过闭环制造和精益生产方法，可以减少资源的浪费和环境污染。产品的使用和回收再利用阶段同样重要。在产品使用阶段，全生命周期管理旨在确保产品在使用过程中的高效能源和材料利用，同时减少维护和运行的环境成本。这可能涉及用户教育，帮助消费者了解如何高效、环保地使用产品。回收再利用阶段则关注产品生命周期的终结，强调将产品和材料重新投入生产循环中以减少对新资源的需求和最少化废物，要求企业在设计时就考虑到产品的拆解和回收以及建立有效的回收和再利用系统。通过建立回收网络和合作伙伴关系，企业可以确保产品在使用后能够被有效回收并重新利用。全生命周期的管理方法不仅有助于保护环境，还可以带来经济效益，通过材料回收减少成本和开拓新的市场机会。总之，工业 4.0 时代的持续创新不仅是技术创新，更是可持续管理理念、企业文化和组织结构创新的综合体现。

1.3.4 人力资源层面

工业 4.0 背景下的人才培养和教育改革成为企业和教育机构面临的重要任务。智能工厂和智能生产不断出现，智能产品和智能服务大量产生，创新型、技能型、复合型人才的需求量不断增大，传统教育理念和人才培养方式面临巨大挑战（陈潭和刘成，2016）。为了满足新兴技术对人才的需求，企业需要与教育机构建立更紧密的合作关系，共同开发和实施针对未来工业需求的教育和培训项目。不仅包括高等教育阶段的课程开发，还包括职业培训和继续教育课程的创新以适应工业 4.0 时代技术和技能的快速变化。此外，企业内部的员工培训和技能提升在工业 4.0 的转型过程中同样至关重要。随着生产过程越来越依赖于高级技术，现有员工需要通过培训来提升他们对新技术的理解和应用能力。包括技术技能的提升、新工具的使用以及数据驱动决策的能力培养。企业需要建立一个持续学习和技能发展的环境，鼓励员工不断学习和适应新技术以保持企业在快速变化的工业环境中的竞争力。总之，人才培养和教育改革是实现工业 4.0 转型成功的关键，需要企业、教育机构和政府的共同协作与推进。

第 2 章　工业物联网

2.1　基于工业 4.0 的工业物联网布局

2.1.1　工业物联网概述

IoT 的发展为人们理解和掌控现实世界打开了新的视角，其核心在于"知、传、感、用"四个层面的相互作用。从传统的标签识别技术（radio frequency identification，RFID）到如今广泛应用的传感技术，再到云计算的数据处理和机器学习的智能决策，IoT 技术正变得日益强大和细腻（陈金焰，2021）。工业物联网（industrial internet of things，IIoT）的出现标志着 IoT 产业进入一个新时代，监控与数据采集系统（supervisory control and data acquisition，SCADA）

等基础设施的布局为现代工业生产带来了前所未有的智能化和自动化水平，IIoT 和监控与数据采集系统是继工业 4.0 浪潮后 IoT 产业发展的新趋势（Chen et al.，2021）。IIoT 代表着在工业环境中应用 IoT 技术的革命性步伐，是工业 4.0 时代的关键驱动力，通过将传感器、机器、设备和控制系统连接至互联网，开启了实时数据收集、交换和分析的新纪元（见图 2-1）。IIoT 的互联互通极大提升了制造和生产过程的效率与透明度，为预测性维护、能源管理、供应链优化以及整体操作效率的提升铺平了道路。此外，

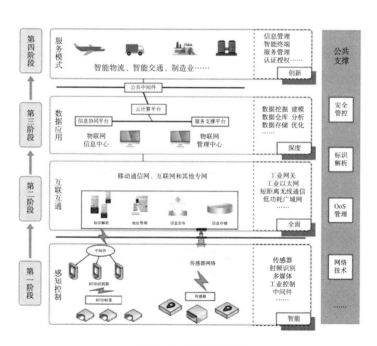

图 2-1　IIoT 四阶段

资料来源：笔者自行绘制。

IIoT 在安全和可持续性方面发挥着关键作用，实时监控和分析不仅可以提高设备的安全性并预防事故发生，而且可以优化能源消耗和减少环境影响，助力企业实现可持续发展目标。总体而言，IIoT 代表了工业领域的一个巨大转变。通过实现设备的互联互通，企业能够更高效、更灵活地响应市场变化，同时提升产品质量和客户满意度。IIoT 不仅是技术革新的载体，更是推动制造业未来发展的关键因素。

IIoT 的三个层次，即应用层、通信层和物理层，是相互依赖、密不可分的（见图 2-2）。首先，应用层通过各种智能化的应用来利用收集到的数据从而提高生产效率和降低成本。包括智能工厂、智能供应链等利用数据驱动的洞察来优化生产流程，实现实时监控和预警。通信层是 IIoT 的"神经系统"，负责数据的传输和共享。通信层包括无线局域网（wireless local area network，WLAN）、全球导航系统（global navigation satellite system，GNSS）等通信技术，确保数据的可靠传输和实时共享。无论是在智能工厂内部还是在全球供应链中，通信层都发挥着至关重要的作用，使得数据可以在不同的设备和系统之间自由流动。物理层则是 IIoT 的基础，包含了传感器和执行器、计算和数据中心等基础设施。基础设施负责收集数据和执行控制指令，是实现生产过程自动化的关键。传感器可以监测温度、压力、位置等各种参数，而执行器则可以根据指令自动调整设备的运行状态。其次，计算和数据中心则负责处理和分析从传感器收集到的数据，提供有价值的信息来支持决策制定。三个层次在 IIoT 中相互协作，共同实现了从数据到洞察再到行动的转换。通过将这三个层次紧密结合，企业可以获得强大的动态优化能力从而更好地应对市场变化和提升竞争力。随着技术的不断进步和应用范围的不断扩大，IIoT 将继续发挥其重要作用，引领工业领域迈向更加智能化的未来。

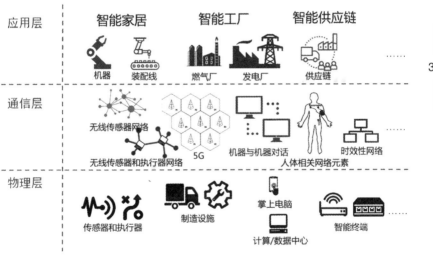

图 2-2　IIoT 体系

资料来源：Xu 等，2018.

IIoT 与传统 IoT 之间的比较揭示了两者在目标、应用领域、技术要求和潜在影响上的根本区别。虽然同属于互联网的范畴，并侧重于通过互联的设备和系统来收集、交换和分析数据，但在应用的环境和目标上有着显著的不同。首先，从应用领域的角度来看，传统 IoT 主要集中在消费者级应用，如智能家居、可穿戴设备和个人健康监测，通常关注于提高个人生活的便利性和舒适度，数据量相对较小且处理要求不是特别严格。相比之下，IIoT 专注于工业和商业环境，如制造业、物流、农业和能源管理。工业和商业领域中，IIoT 的应用强调在大规模生产环境中实现高效率、优化资源分配、增强运营效能和提升安全性。IIoT 所涉及的数据量远大于传统 IoT 且对数据的实时性、准确性和可靠性有更高的要求。其次，从技术实现和要求来看，IIoT 比传统 IoT 面临更为复杂和严峻的挑战。IIoT 需要处理来自各种工业设备和传感器的海量数据，并且这些数据通常需要在极短的时间内进行处理和分析以支持实时决策和操作。此外，工业环境中的设备和系统往往要求极高的可靠性和稳定性，因为任何故障或延迟都可能导致生产停滞甚至安全事故。因此 IIoT 解决方案必须具备高度的容错能力。进一步，工业系统的复杂性也要求 IIoT 解决方案必须能够处理和整合来自不同来源和格式的数据，包括传统的工业控制系统和现代的信息技术系统。再次，IIoT 和传统 IoT 在数据安全和隐私保护方面也有着不同关注点。传统 IoT 应用中，数据泄露或不当使用可能导致隐私侵犯和个人信息安全问题，而工业应用中的数据安全风险更加严重，可能会导致生产中断、财产损失甚至人员安全事故。因此IIoT 解决方案必须包括更为严格的数据保护和网络安全措施。最后，IIoT 相较于传统 IoT 在推动经济和社会发展方面扮演着更加关键的角色。IIoT 的应用直接关系到工业生产效率、企业竞争力和国家工业实力。IIoT 在优化生产过程、降低运营成本、提高产品质量和推动工业可持续发展方面发挥着不可替代的作用。

2.1.2　技术架构与关键组成部分

IIoT 架构中占据了核心地位的数据处理与分析技术使从传感器设备中收集的大量数据转化为有价值的智能行为成为可能。IIoT 系统中的数据处理开始于传感器和设备收集高度异构的原始数据，包括时间序列数据、日志文件、图像和声音等。处理这些数据的第一步是数据清洗和预处理，包括过滤噪声、标准化数据格式和填补缺失值。经过预处理的数据随后进入包括数据聚合、特征提取和模式识别的更复杂的分析阶段，这一阶段中的大数据分析和机器学习算法发挥着至关重要的作用。大数据分析和机器学习算法能够从海量数据中识别出有价值的模式和数据关联，如预测设备故障、优化生产流程或者识别能效提升的机会。

数据分析的最终目标是为企业决策提供支持从而提高运营效率、减少成本和提升产品质量。企业通过分析生产线上的数据可以识别出生产瓶颈和浪费环节，从而优化资源分配和工作流程。在更高级的应用中，数据分析还可以支持预测性维护，即通过分析设备运行数据预测故障发生，从而在故障发生之前进行维护，减少意外停机时间。随着技术的发展，特别是人工智能和机器学习的进步，数据处理和分析技术正在变得越来越强大。

进一步，传感器技术在实时收集生产线数据方面起着至关重要的作用（见图 2-3）。在现代制造业中，传感器被广泛应用于监测和控制生产过程，能够实时采集有关机器运行状态、产品质量、环境条件等方面的数据，对于确保生产效率、产品质量和设备安全至关重要。首先，传感器技术可以提高生产效率。通过在生产线上部署各种传感器，企业能够实时监测设备的运行状况并及时发现设备故障或性能下降的迹象，从而在问题恶化之前采取预防措施。例如，通过分析振动传感器收集的数据，可以预测和避免设备故障，减少意外停机时间，提高整体生产效率。此外，通过收集和分析这些数据，企业还可以对生产过程进行优化并提高产品一致性和质量。其次，传感器技术对于保证产品质量至关重要。生产过程中，实时监测产品的关键参数（如尺寸、重量、温度等）可以确保产品符合质量标准。例如，在食品和药品制造行业，温度和湿度传感器的应用对于确保产品在适当的环境条件下进行生产。再次，传感器技术在促进数字孪生技术的发展中也发挥着重要作用。数字孪生是指通过创建物理对象的精确数字副本来模拟和分析其性能和运行情况。传感器收集的实时数据是构建和维护数字副本的关键。通过数字孪生，企业可以在虚拟环境中测试和优化设计、预测设备故障并模拟不同的运营场景，从而在实际操作之前做出更加明智的决策。最后，传感器技术的应用使得机器和设备能够"感知"周围环境并产生可供进一步分析和决策的数据。能源管理中，传感器可用于监测能源使用情况，企业可以识别浪费能源的环节并采取措施进行改进，从而降低成本并减少对环境的影响，实现可持续发展。

43

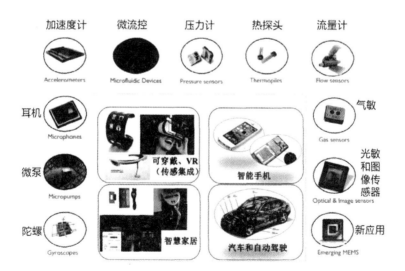

图 2 - 3　面向 IIoT 的传感器技术

资料来源：笔者自行绘制。

云计算与边缘计算在 IIoT 中的应用构成了当代工业系统的数据处理和分析的双重支柱（见图 2 - 4）。云计算提供了强大的中心化数据处理能力，允许企业在远程服务器上存储、处理和分析海量数据。中心化的处理方式确保企业能够运用复杂的算法和模型提取数据的深层次价值。云计算在现代制造业中的应用主要集中在提供高效的数据存储和处理能力上，允许企业在不需要建立和维护昂贵的本地数据中心的情况下存储和处理巨量的生产数据。制造企业通过云计算平台可以访问弹性伸缩的计算资源，根据实际需求增加或减少资源使用从而优化成本支出。首先，云计算的核心优势在于其数据处理能力，生产环境中的各种设备和传感器收集到的数据量通常非常庞大。云计算平台能够快速处理这些数据并提供实时的分析结果，帮助企业做出基于数据的决策。如企业通过对生产线数据的分析，识别效率低下的环节，及时调整生产流程以提高整体效率。其次，云计算在数据存储方面提供了极大的灵活性和可扩展性。与传统的本地存储解决方案相比，云存储可以无缝扩展，满足企业数据量增长的需求，不仅降低了数据管理的复杂性，还确保了数据的安全性和可靠性。云平台通常提供多重备份和灾难恢复方案，确保关键数据在各种意外情况下的安全。最后，云计算还支持高度的协作和远程工作。制造业企业通过云平台可以实现跨地域的数据共享和协同工作，提高团队间的沟通效率，此功能在全球化的生产和供应链管理中尤为重要，可以帮助企业更快地响应市场变化，提高竞争力。随着 IoT 技术的发展，云计算的整合能力为制造业带来了更多可能性，企业通过云平台可以实时接收并分析来自全球各地设备和传感器的数据，及时调整生产策略，优化资源配置。此外，云计算还提供了高度的可扩展性和灵活性，企业无须在本地部署和维护昂贵的硬件设施，而是根据需要快速调整计算资源。云计算高度的可扩展性和灵活性对于需要处理大规模数据集的工业应用尤为重要，例如，跨国企业的供应链管理或大型制造工厂的生产监控。

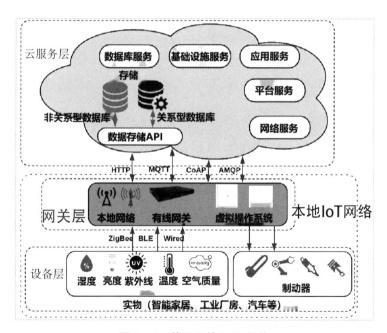

图 2-4　基于云的 IIoT 架构

资料来源：Wang 等，2019.

与云计算相辅相成的是边缘计算，指的是在数据产生地（即"边缘"）近处进行数据的处理和分析。边缘计算作为一种新兴的数据处理范式在现代制造业中的应用正变得日益重要。边缘计算技术的核心在于将数据处理任务从云端转移到数据产生的地点附近，即"边缘"处，大幅减少了数据传输的距离，因此显著降低了处理延迟，对于需要实时响应的制造过程尤为关键。生产线上，许多过程需要快速、准确的数据分析来保证效率和质量。边缘计算使得分析可以近乎实时进行。当检测到生产设备的异常行为时，边缘计算设备能够快速处理相关数据并立即调整或停止设备运行以避免故障或产品质量问题，即时反应在减少设备损坏和提高产品合格率方面起着关键作用。此外，边缘计算还有助于保护数据安全和隐私。由于数据在本地处理，无须经常性地将大量数据传输到云端从而降低了数据泄露的风险，对于包含敏感信息的生产环境尤其重要。同时，由于减少了对云端资源的依赖，边缘计算也增强了生产系统的稳健性，即在云服务不可用或网络连接受限的情况下也能保持运行。边缘计算对于带宽的利用也提供了显著优势，其减少了数据传输到云端的需要，从而降低了延迟并提高了实时处理的能力。对于如远程工厂或海上石油钻井平台等带宽有限或成本较高的环境尤为有利。IIoT 应用中，云计算和边缘计算通常是协同工作的。云计算提供了大规模的数据存储和复杂分析的能力，而边缘计算则处理那些需要快速响应的任务。尤其在智能制造中，传感器收集的机器运行数据可以在边缘进行初步分析以快速检测异常状况或进行实时优化。而长期的数据趋势分析、机器学习模型的训练和复杂的优化计算则可以在云端进行。云计算和边缘计算的结合利用了两种计算形式的优势的同时提高了整个 IIoT 系统的效率和效能。此外，云计算和边缘计算的结合还为 IIoT 的安全性和可靠性提供了重要支持。通过在边缘进行数据的初步处理可以减少对中心服务器的依赖，从而降低了系统因中心服务器故障而完全瘫痪的风险。与此同时，对敏感数据的本地处理也减少了数据泄露的风险。随着两种计算技术的不断发展和完善，云计算和边缘计算将在工业 4.0 的转型中发挥越来越重要的作用。

　　在此基础上，IIoT 正进一步于全球范围内深度渗透并重塑物流、交通等传统行业。借助先进的传感器技术、数据分析和智能化决策系统，IIoT 实现了从设备到设备、设备到人及人到服务的全方位智能化互联。无论是智能物流、智能交通还是智能制造，其核心在于通过 IIoT 技术实现了全流程的可视化、可预测和可控制。首先，智能物流是利用集成智能化技术，使物流系统能模仿人的智能，具有思维、感知、学习、推理判断和自行解决物流中某些问题的能力。通过实时的货物追踪技术，物流公司能够准确地掌据货物的位置和状态，为客户提供更加精准、及时的物流信息。不仅提高了物流效率，减少了货物在途中的延误和损失的同时也增强了客户对物流服务的信任度和满意度。路线优化技术则能够根据实时交通信息和历史数据，为物流公司规划出最优的运输路线，从而降低了运输成本和时间成本。智能库存管理通过实时监测库存量、分析销售数据等手段，帮助物流公司实现库存水平的精确控制，避免了库存积压和缺货现象的发生。其次，智能交通领域同样受益于 IIoT 技术的广泛应用。通过车与车、车与基础设施之间的实时通信，智能交通系统能够实时感知路况、车流等信息，为驾驶员提供最佳的行驶路线和速度建议。不仅显著提升了道路安全和交通流畅度，减少了交通事故的发生，同时也降低了车辆的燃油消耗和排放污染。智能交通系统还能够为交通管理部门提供实时的交通信息和数据支持，帮助他们更好地规划和调度交通资源，提高城市交通的运行效率。最后，IIoT 与智能制造紧密结合，展现了其在现代工业生产中的核心价值。通过智能传感器和执行器组成的感知层，实时采集生产现场的数据；借助高效的网络层，实现数据的可靠传输；在应用层，利用 IIoT 技术对数据进行深度分析和挖掘，为智能制造提供精准决策支持。智能终端、先进的通信技术、强大的数据处理能力以及严格的安全与隐私保护措施，共同构成了 IIoT 的关键组成部分，为智能制造的实现提供了坚实的技术基础。

2.1.3　整合与创新

IIoT 的核心在于技术的整合与创新，不仅在单个技术的应用上，更是将 IoT、人工智能、大数据和云计算等技术融为一体形成一个互补和增强的系统。IoT 技术在集成体系中起着基础性的作用，设备、机器甚至产品都能够实时连接和交换数据。连接与交换不仅限于工厂内部，还可扩展到整个从原材料采购到最终产品的分销供应链上。通过 IoT 的应用，企业可以实时监控生产过程，及时响应设备状态和市场需求变化，而人工智能和机器学习在集成体系中的作用体现在数据的分析和决策支持上。人工智能和机器学习能够从 IoT 收集到的海量数据中提取有用信息，预测设备故障，优化生产流程，甚至在复杂环境下做出自主决策。人工智能可以分析历史生产数据，识别生产瓶颈，提出改进措施。与此同时，机器学习算法能够在数据驱动下不断学习和改进使得生产过程更加智能和高效。大数据技术的应用则是对这一体系的强大补充，通过大数据分析，企业可以处理和分析从生产线到市场的各种数据，识别趋势和模式，进一步为战略决策提供支持，不仅包括生产数据，还包括客户反馈、市场动态等信息。

在全球 IIoT 发展背景下，创新在自动化、智能制造和数据处理方面的应用成为推动行业发展的关键因素，工业生产领域自动化技术的进步已经迈入了一个新的时代。传统自动化系统侧重于使用预定程序控制机器的操作，而现代自动化系统则整合了更多的智能化元素，如机器视觉和自适应控制。智能自动化系统根据环境变化和实时数据自主调整工作模式，提高了生产效率和灵活性。例如，智能机器人根据工作环境和任务需求自主改变操作策略而无须人工干预。而智能制造是在自动化基础上进一步整合了人工智能和机器学习技术，生产设备不仅能够执行复杂的任务，还能够通过学习和优化来提高生产效率和产品质量，通过分析历史生产数据，智能制造系统可以预测设备维护需求，减少意外停机时间。智能制造也涉及更广泛的供应链管理和产品生命周期管理，通过数据分析和智能决策支持系统，企业可以更有效地管理资源，减少浪费，提高整体运营效率。数据处理在 IIoT 时代同样扮演着至关重要的角色，随着 IoT 技术的普及，工业系统能够产生前所未有的数据量，包括但不限于生产过程数据、设备状态数据、质量控制数据和市场反馈。有效地处理和分析这些数据对于提升生产效率、优化产品设计和改善客户体验至关重要。数据处理技术使得企业能够从海量数据中提取有价值的信息并基于这些信息做出更加准确的决策。通过分析生产数据，企业可以识别流程中的瓶颈和浪费点从而实现流程优化和成本降低。

　　IIoT 的角色是多维度且复杂的，其作用可以从三个关键方面进行深入探讨。首先，对于生产自动化和智能化的贡献，IIoT 通过集成高级传感器技术和自动控制系统，实现了生产流程的全面自动化和智能化，传感器不断地收集来自生产现场的温度、压力、速度等关键性能参数，然后利用边缘计算技术对海量数据进行实时处理分析，从数据中提取出有价值的信息进而优化生产流程，实现设备故障的早期预警、维护需求的自动识别以及生产资源的最优配置。此过程不仅显著提升了生产效率和产品质量，而且大幅降低了运营成本。其次，除了生产过程的优化外，IIoT 还在数据驱动的决策过程中发挥着重要作用，IIoT 通过提供实时、准确的生产和运营数据，帮助企业从传统的经验驱动决策转变为数据驱动决策，使企业能够更加灵活和迅速地响应市场变化，优化供应链管理，提高客户满意度。最后，IIoT 在实现系统间的互联互通方面也起到了关键作用。IIoT 下企业不再是孤立的单元，而是成为一个紧密相连的网络。IIoT 确保不同的机器、设备和系统能够相互沟通和协作，形成了一个高度集成和协同的生产生态系统，不仅能够在内部实现资源和信息的高效流通，而且还能与外部的供应商、客户和其他业务伙伴实现无缝连接，从而

51

在整个价值链上创造更大的价值。IIoT 的作用不仅限于信息的收集和传输，更重要的是实现从数据到洞察再到行动的转换，进而为企业提供强大的动态优化能力。总体来说，IIoT 在工业 4.0 时代中的角色是至关重要的，不仅是技术进步的象征，更是推动工业革新的引擎。通过实现生产过程的自动化和智能化，推动基于数据的决策制定以及实现系统间的高效互联互通，IIoT 正引领工业企业向高效、灵活、可持续的未来迈进。随着上述技术的不断成熟和应用，IIoT 将成为驱动全球工业发展的主要力量之一。

2.2　工业物联网案例应用

2.2.1　制造业革新：Automower 工业物联网割草机①

哈斯克瓦纳公司与 Telenor IoT 合作开发的 Automower NERA 智能割草机是 IIoT 在制造业中的应用典型。哈斯克瓦纳是一家拥有超过 300 年历史的专业生产户外动力设备的公司，致力于使草坪护理更加高效和可持续。Automower

---

① Telenor IoT. IoT Case：Revolutionizing Lawn Care with IoT ［EB/OL］. https：//iot. telenor. com/iot – case/husqvarna – lawnmower – iot, 2023 – 12 – 16.

NERA 作为其最新产品，整合了先进技术使草坪护理更加
用户友好、省时省力。Automower NERA 搭载了下一代智能
传感器，能够自动避障、在不平坦地形上行驶并保持在复
杂草坪上均匀割草。其独特之处在于集成了由 Telenor IoT
提供的管理连接和 IoT 相关技术，包括可连接到 Telenor 全
球网络的嵌入式 SIM 卡使哈斯克瓦纳能够远程监控和控制
割草机，无论其位置在何处都可以进行更新和软件升级。
通过与哈斯克瓦纳云服务的可靠连接，用户可以通过智能
连接到不同服务（如天气预报）来使产品创造额外价值
（见图 2 – 5）。

图 2 – 5　Automower 工业 IoT 割草机

资料来源：Automower 公开资料。

引入 IoT 技术之前，哈斯克瓦纳面临的主要挑战是确保其新推出的 Automower NERA 割草机保持连接以便接收更新和软件升级。因此，哈斯克瓦纳公司选择了 Telenor IoT 的管理连接解决方案，通过嵌入在 Automower NERA 中的 SIM 卡连接到 Telenor 的全球网络，允许哈斯克瓦纳远程监控和控制割草机且无论机器位置在哪里都能进行空中交付更新和软件升级。技术整合带来多方面的优势，首先，客户可以通过哈斯克瓦纳 Connect 应用程序远程监控和控制 Automower，意味着客户可以在任何地方启动或停止割草机、调整切割高度甚至在割草机离开预定区域时接收警报。其次，哈斯克瓦纳可以通过传统 IoT 将软件升级及更新迭代确保客户始终能够访问最新功能。可持续性角度，Automower NERA 采用电池驱动，其产生的碳排放量低于传统汽油产品并仍可提供相同的功率。

2.2.2　供应链管理：People 智能集装箱[①]

全球货运航运和物流行业面临的挑战复杂多样，运力过剩和需求波动对行业运营造成了显著影响，导致企业不得不应对市场需求的变换和供应链不稳定性。此外，高昂

---

① Telenor IoT. IoT Case：Container2. 0 – IoT in Container Shipping ［EB/OL］. https：// iot. telenor. com/iot – case/people – container2，2023 – 12 – 15.

的燃料成本和严格的环境规制进一步增加了运营成本，迫使企业寻求更加高效和环保的运输方案。安全问题和有限的港口基础设施也是影响货运效率和可靠性的重要因素。在上述背景下，20 英尺标准集装箱市场的创新缺乏成为一个突出问题，多数集装箱仍然是传统的非智能设计，没有连接能力也无法进行有效的位置追踪和状态监控，不仅限制了对货物流动的实时了解，还增加了运输过程中的不确定性和风险。进一步，许多先进的集装箱依赖于车辆供电，限制了其在无电源环境下的使用，同时降低了灵活性和适应性。此外，现有的传统集装箱由于缺乏智能化的管理和监控系统，常常需要手动数据输入，不仅效率低下，而且容易出错进而导致供应链管理的信息不准确。因此，对于现代物流行业而言，需要一种更智能、高效、可持续的集装箱解决方案以应对这些挑战并提高整体的供应链效率。

PEOPLE 公司为应对全球货运航运和物流行业的挑战研发的创新解决方案——Container2.0 是集成了 IoT 和先进分析技术的智能集装箱，旨在提高货运效率、增强监控能力并减少环境影响。Container2.0 的设计理念是为企业客户提供更灵活、更高效、更可靠的货运解决方案。通过 Telenor IoT 提供的移动连接，Container2.0 能够在全球范围内保持稳定的通信连接，实时传输关键数据或将数据记录下来以便日后使用，大大增强了物流链的透明度和可追踪性。此外，Container2.0 的自供电功能使其不依赖于船只或火车上的电源，对于提高其在复杂运输环境中的适用性尤为重要。在环保方面，Container2.0 在设计上采用了轻量化材料，比标准集装箱轻 20% 以上，不仅减少了运输过程中的燃油消耗，也降低了碳排放。Container2.0 完全可回收的设计理念体现了对环境保护的承诺，符合当下的绿色物流趋势。创新集装箱的推出不仅可以提高物流效率，还能帮助企业降低运营成本并在维护环境可持续性方面发挥重要作用。

总体而言，Container2.0 的出现预示着物流行业未来的发展趋势，即通过采用智能化、数字化和环保化的解决方案来应对现代物流行业所面临的复杂挑战。创新集装箱技术不仅为企业提供了高效的货运解决方案，而且还能够在全球范围内推动物流行业的可持续发展。Container2.0 的智能化设计能够改善供应链管理，提高效率，减少浪费并预防设备故障从而为企业节约成本。其高效的数据通信也有助于确保数据准确性，减少人为错误并大幅减少所有利益相关方的工作量。通过及时了解物流单元的状态，可以优化单元的利用率和装载效率，防止盗窃和货物损失，进而实现物流行业的高效和安全运营。Container2.0 的推出不仅体现了物流行业中对技术创新的需求，也展示了如何通过智能化解决方案来应对运力过剩、需求波动等行业挑战。

随着物流 IoT 技术的不断发展，类似 Container2.0 的创新解决方案将在未来物流行业中发挥越来越重要的作用，有助于实现行业的环境可持续发展。

2.2.3　云计算革新：米其林数字化转型①

米其林云计算转型是 IIoT 领域中的一次成功实践，突出展示了如何通过技术革新应对快速变化的业务需求和市场环境。2019 年，随着米其林运营规模的扩大和数据处理需求的增加，公司面临着提升数据处理能力和效率的重大挑战。米其林为应对这一挑战在其数据中心内采用 Apache Kafka 事件流平台使公司能够实时洞察和处理大量数据流。此举措的目标是增强米其林在数据分析和实时信息处理方面的能力以更好地适应市场的变化并优化内部运营流程。Apache Kafka 的引入代表了米其林对数据驱动决策和操作效率的重视，是其数字化转型战略的重要组成部分。通过高效的数据流处理和分析，米其林不仅能更快速地响应市场和客户需求，还能优化生产过程和供应链管理进而提升整体业务性能和竞争力。

随着米其林业务的不断扩展，其数据处理和存储需求

---

① 微软 Azure. 米其林 – Azure 云计算 ［EB/OL］. https：//customers. azure. cn/michelin/index. html，2023 – 12 – 13.

的增长使得维护自有数据中心的成本和复杂性逐渐增加，这种局限性开始成为其扩张和创新的阻碍。米其林将其服务迁移到云端并选择 Microsoft Azure 作为其云服务提供商，米其林在迁移过程中关注的主要是云计算的弹性、可扩展性和成本效益。首先，云计算的弹性体现在其能够根据业务需求的变化动态调整资源，对于应对市场波动和快速变化的业务环境至关重要。其次，云服务的可扩展性使得米其林能够在必要时迅速增加自身处理能力和存储空间以支持其全球业务的持续增长。最后，与维护自有数据中心相比，云计算提供了更高的成本效益，不仅减少了硬件投资，还降低了运营成本，尤其是在数据存储和处理方面。数据的安全和可靠性是米其林考虑的另一个重要因素。迁移到云平台意味着必须确保数据的安全性和遵守相关的隐私法规。Microsoft Azure 提供的高级安全措施和合规保障为米其林提供了信心，确保其数据在迁移和存储过程中的安全和完整。通过利用云服务提供商的专业知识和技术，米其林能够更加专注于其核心业务和创新，而不是投入大量资源在基础设施的维护和升级上。

通过迁移到云平台，米其林不仅实现了数据处理的云原生存储和流媒体，还在云运营中节约成本达35%。原先，米其林需要投入大量资源维护自有的数据中心，不仅成本高昂，而且在快速变化的市场环境下的扩展性和灵活性也受到限制。米其林在将数据迁移到云平台后成功地转移了这一负担。此外，Azure 云平台的高级数据处理和分析能力使得米其林能够更有效地管理其供应链，优化制造流程并加快新产品的研发。不仅提升了米其林在各个业务领域的效率，也加快了对市场变化的响应速度，特别是在供应链管理方面，米其林能够实时追踪物料流动，预测供需变化从而减少库存成本和提高物料利用率。

米其林的云计算转型案例在 IIoT 和云计算应用领域中展现了现代企业转型的重要性。特别突出了对于需要处理大量数据、迅速响应市场变化的企业来说，采用云计算技术的重要性。米其林的成功转型为其他企业的数字化转型提供了宝贵的经验和启示，企业如何通过技术创新和战略转型适应快速变化的市场环境，保持竞争力并实现持续增长。

2.2.4　人机协同：欧姆龙 i – Automation 系统①

欧姆龙集团提出的"i – Automation"概念是人机融合的一种全新模式，在人机融合新模式下，人工智能、IoT 和大数据分析等尖端技术得到了深度整合，共同构建了一个智能化、自动化的生产环境。协作机器人和移动操纵机器

---

① 聚展 . 欧姆龙 i – Automation 新型制造现场引领可持续制造未来 ［EB/OL］. https：//www. jufair. com/information/71686. html，2023 – 12 – 15.

人（Mo MA）的应用不仅标志着机器从传统意义上的生产工具转变为人类的助手，更代表了生产过程中人与机器之间协同作业的全新阶段。人机协同的生产模式中，机器人不再仅仅是执行预设程序的自动化设备，而是能够根据工人的操作习惯、技能水平和生产需求，实时调整自己的行为和作业模式。人机融合的方式显著提高了生产的灵活性和效率。机器人能够在人类工人的辅助下，更加精准地完成复杂的操作的同时也为工人提供了必要的安全保障和操作便利。此外，"i - Automation"还通过高级数据分析实现了对生产过程的精细化管理，从而大大提升了生产质量和效益，不仅改变了工厂的工作方式，也为工人提供了一个更加人性化、智能化的工作环境。在智能化工作环境中，工人可以更加集中精力于创造性工作，从而激发工人的创新潜能和提升其工作满意度。同时，"i - Automation"的应用也预示着未来工业生产将更加依赖智能系统和机器学习技术，不仅会进一步推动生产效率和质量的提升，也将为工业制造业的可持续发展提供强有力的技术支撑。欧姆龙集团通过"i - Automation"的应用不仅展现了其在工业自动化领域的领导地位，也为全球工业制造业的未来发展指明了方向。

"i - Automation"系统中机器人与人类工人的互动达到了前所未有的水平，尤其是通过其先进的视觉系统（见图 2 - 6）。"i - Automation"系统能够准确地感知和解读人类工人的动作和行为模式，不仅局限于简单的动作识别，还涵盖了对工人操作熟练程度的判断。机器人通过这一视觉系统，能够实时监测工人的动作，从而根据工人的操作技能和熟练程度来调整自己的工作节奏。例如，当一个刚开始学习操作的工人动作较慢时，机器人会降低自己的速度，以保证与工人的同步，这不仅有利于保证生产的安全性，还有助于提高工人的学习效率和操作舒适度。随着工人熟练程度的提升，机器人也会逐步加快自己的速度以适应工人的操作节奏，从而实现更高效的生产。基于视觉系统的人机互动标志着工业自动化向更高级别的智能化转变。在此之前，工业机器人主要依赖预设的程序来执行任务，很难根据现场情况作出灵活调整，但在"i-Automation"系统中，机器人不再是僵化的自动化工具，而是变成了能够理解并适应人类行为模式的智能伙伴。智能化的人机互动不仅提升了生产过程的灵活性和适应性，也为工人提供了一个更加人性化、高效的工作环境。工人不再需要不断调整自己的操作方式来适应机器，反而是机器在不断学习和适应人的行为，意味着工业生产可以更加个性化和定制化从而更好地满足市场的多样化需求。与此同时，人机互动方式还能显著降低操作错误和生产事故的风险，机器人能够实时监测并适应工人的操作状态从而在关键时刻提供必要的辅助或干预。总的来说，"i-Automation"系统中的视觉系统与人的互动不仅展现了人工智能和机器学习在工业自动化领域的巨大潜力，也为未来工业生产提供了一个更加智能、高效、安全的工作模式。在未来，可以期待"i-Automation"技术在多个行业中得到广泛应用，不仅改变传统的生产方式，也将引领整个 IIoT 领域向前迈进一大步。

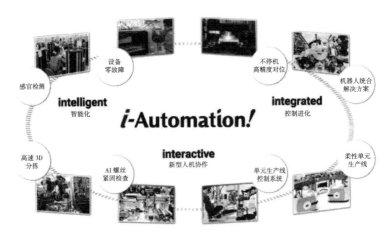

图 2-6 欧姆龙新型人机协作

资料来源：欧姆龙公开资料。

2.3 实 践 启 示

2.3.1 产业链协作

企业间产业链协作是推动产业发展和提高企业竞争力

的重要途径，IIoT 技术的应用则为企业间产业链协作提供了新的平台和工具，使得企业能够通过网络化的协作实现知识和资源的共享，推动产业链的数字化和网络化从而实现共赢和可持续发展。首先，IIoT 提供了实现企业间和产业链协作的新平台。例如，通过区块链技术，企业可以构建安全、透明、高效的协作平台，实现数据的实时共享和交换，提高协作效率。与此同时，通过数字化的协作平台，企业能够与全球的合作伙伴实时交流和协作，拓展合作网络进而增强企业的市场竞争力。其次，数字技术为企业间产业链协作提供了新工具。通过应用大数据分析和人工智能技术，企业能够实现对协作过程的智能分析和优化，提高协作效果。通过数字技术，企业能够实现对协作过程的实时监控和管理确保协作的质量和效率。再次，IIoT 为企业间和产业链的协作提供了新的资源和知识共享途径。企业进行数字化的知识管理和打造资源共享平台便能够实现知识和资源的高效共享，推动产业链的创新和优化。最后，IIoT 为推动产业链的数字化和网络化提供了有力的支持。企业通过数字技术的应用能够实现产业链的实时监控和优化，推动产业链的数字化和网络化，实现产业链的高效和可持续发展。进一步，企业能够实现与上下游合作伙伴的紧密协作，提高产业链的整体竞争力。

2.3.2　生产效率

现代制造业中的生产效率提升已不只是关系到企业的生产成本控制，更是关系到企业在全球化竞争中取得优势的关键因素。伴随着 IoT 技术的深入应用，企业得以实现全方位的生产流程实时监控，从而确保生产活动的每一环节都能达到最优状态。实时数据的收集不只是监控设备的运转效率，还涉及能耗的实时计算和原材料消耗的精准跟踪。生产过程中的任何偏差都能实时检测出来从而及时进行调整，在大大降低了故障停机的风险和时间损失的同时，确保生产线的持续流动和高效运转。通过对生产过程中的海量数据进行大数据分析，企业能够洞察生产效率提升的潜在机会，进一步的数据分析可以揭示出生产中的模式和趋势，为优化生产计划和提高资源使用效率提供依据。分析机器的历史运行数据可以预测设备的潜在故障，提前进行维护，减少生产中断的可能性。通过预测性维护，企业不仅能够节约成本，还能增加生产线的可靠性和稳定性。智能化生产也已成为制造业发展的新趋势。智能算法可以根据实时监控数据，自动调整生产参数以保持产品质量的一致性和最优化生产流程。智能算法不仅提高了生产效率，也减少了人为错误的影响进而提升了产品的整体质量。生产调度方面，智能系统能够基于当前的订单量、物料供应情况以及市场需求变化动态优化生产计划，使得资源分配更加合理，生产更具弹性和响应性。在制造技术方面，人工智能赋予了机器更高级的认知功能，使得机器能够处理更加复杂的任务，甚至能够自主学习和改进生产工艺，推动制造业向更高层次的自动化和智能化发展。此外，智能机器人的引入进一步提高了生产的灵活性和自动化水平，使得定制化和小批量生产成为可能。总之，IIoT 和人工智能的结合为智能制造带来了翻天覆地的变化，不仅是技术层面的进步，更是企业战略和管理层面的深刻变革。

2.3.3　市场响应机制

在 IIoT 时代，企业正通过整合尖端技术，如人工智能、机器学习以及社交媒体分析工具强化其市场敏感度和响应效率。利用上述工具，企业能够即时捕捉市场脉动和消费者需求的细微变化，确保其决策和策略紧跟市场步伐。社交媒体分析提供了一个让企业能够实时监测和理解消费者的意见、偏好以及对品牌和产品的反响的窗口，进而企业可以迅速调整市场推广活动以及产品服务细节。人工智能和机器学习技术的应用则扩展到销售预测和客户服务领域，允许企业精确预测市场趋势，优化库存和销售策略，减少过剩和缺货的风险。自动化的销售预测不仅能够提升运营效率，还能增强客户体验。客户服务方面，智能化工具能够提供不间断的客户支持，快速解决问题的同时收集客户反馈用于未来的服务改进和个性化产品推荐，增强客户的满意度和忠诚度。企业整合这些先进的数字化工具可以在竞争激烈的市场中快速反应，还能够通过持续的学习和适应提升其整体的市场洞察能力。随着技术的持续发展，企业将更加依赖于这些系统提供的实时分析和洞见以保持领先地位，实现持续的成长和创新。市场响应机制不仅提高了效率，而且还增强了企业与市场之间的互动，使企业能够以客户为中心的方式经营，确保在不断变化的商业环境中的成功和可持续性。

2.3.4 供应链管理

供应链管理是企业成功的关键因素之一，IIoT 技术的应用对于优化供应链管理、提升企业的运营效率和市场响应能力具有重要的意义。通过数字化的供应链管理，企业不仅能够实现对供应链的实时监控和优化，还能通过数据分析和智能决策，实现资源的高效配置并降低物流成本，提高供应链的效率和灵活性。首先，IIoT 技术可以帮助企业实现对供应链的实时监控，企业可以实时收集和分析供应链库存数据、物流数据和市场需求数据等。供应链数据不仅可以帮助企业实时了解供应链的运行状态，还能为企业的决策提供有价值的参考信息。其次，IIoT 技术可以帮助企业优化供应链的运营。企业进行数据分析和机器学习算法识别供应链中的效率瓶颈和潜在风险从而实现对供应链的优化和改进。再次，IIoT 技术为企业实现资源的高效配置提供了可能，数字化的供应链平台确保企业实现对全球资源的高效配置和协调的同时减少物流和运营成本。企业可以在数字化的供应链平台上与供应商和合作伙伴实现实时的信息交流和协作。最后，数字技术为企业提供了降低物流成本的新途径。通过数字化的物流管理，企业能够实现对物流过程的实时监控和优化，降低物流成本，提高物流效率。

在 IIoT 浪潮中，企业正通过深度整合 IoT 和区块链等先进技术重塑传统的供应链管理模式，打造出更加智能、高效的供应链系统。区块链技术的引入为供应链管理带来了前所未有的透明度和安全性，确保了数据的不可篡改性和全链条的信息可追溯性。不仅提升了供应链过程中的数据准确性，还极大增强了跨地域、跨组织的协同工作效率。企业利用这种实时透明的信息流能够实时捕捉到供应链中的任何异常以及市场需求的波动。即时反馈机制使得企业能够迅速做出响应，调整运输和库存策略，灵活适应市场需求变化的同时减轻潜在的风险和不确定性。此外，智能化库存管理则采用了先进的算法，根据市场需求预测、消费者行为分析等多维度信息，自动优化库存水平，降低了过剩或短缺的可能性，保证了企业资源的高效利用。上述技术的融合不仅是自动化操作流程的体现，更是提升决策质量的关键。随着技术的不断进步，企业的供应链管理正变得更加精细化、动态化和智能化，大大提升了整个供应链系统的效率和竞争力。不断进化的供应链不仅是生产和分销的物流系统，而是一个完全整合的、智能的网络，能够自我优化并及时响应以适应不断变化的业务环境和市场需求，确保企业在激烈的市场竞争中处于有利地位。

2.4　政策风险与启示

随着 IIoT 技术的迅速发展，欧盟政策和法规对全球 IIoT 的发展起到关键影响作用和示范效应。自 2019 年起，立法者开始致力于规范 IIoT 在网络和设备安全方面的发展。一系列法规的制定和实施旨在保护用户的数据安全和隐私的同时确保 IIoT 设备的可靠性和安全性。例如，欧洲通过《一般数据保护条例》（general data protection regulation, GDPR）来监管通过 IIoT 设备创建和传输的数据以确保个人数据的安全和隐私（Bentzen & Høstmælingen，2019），意味着统筹和协调欧盟成员国之间的数据保护法迈出了重要一步（Phillips，2018；Townend，2018）。此外，基础设施可能受到《网络和信息安全指令》的规范，而商业活动则需遵守《欧盟网络安全法》的相关规定。上述法规对 IIoT 的发展提出了新的要求和标准，促使企业在开发和部署 IoT 解决方案时，更加注重数据的安全性和系统的可靠性。随着法规的实施，IIoT 的应用将变得更加安全和规范，有助于推动整个行业的健康和可持续发展，其中，较具有代表性包括英、法两国的具体实施方案（见表 2 - 1 与表 2 - 2）。

表 2 - 1　　　　英国政府数据共享相关政策与法律

时间	政策与法律	内容
1998 年	《数据保护法案》	政府采集、处理或披露公民或企业的相关信息时要遵守相关的法律法规
2000 年	《信息自由法》	为个人获取公共部门的信息提供了便利和法律依据
2012 年	《开放标准原则》	解释了政府如何为政府 IT 中的软件互操作性、数据和文档格式选择共享标准；指导各部门如何实施共享标准
2013 年	《国家信息基础设施记述》	确定和维护政府持有的数据清单；优先考虑纳入国家信息基础结构的数据；支持组织发布数据
2013 年	《G8 开放数据宪章英国行动计划》	确保所有发布的数据集都通过数据门户 data. gov. uk 发布；与民间社会组织和公众合作，确定哪些数据集适合发布；支持国内外的共享数据创新者；发布 G8 开放数据宪章中确定的 14 个关键和高价值数据集

时间	政策与法律	内容
2015 年	《国家信息基础设施实施文件》	政府持有的最具战略重要性数据的管理框架，它由下列部分组成：指导原则、策划列表、治理结构、质量标准基线
2019 年	《英国开放政府国家行动计划 2019 - 2021》	承诺增加公众对政府的参与，并帮助提供真正具有变革性的解决方案。公共部门需要进行创新，根据公共服务用户的需求进行扩展

资料来源：笔者自行整理而得。

表 2 - 2　　　　　　　　法国政府数据共享相关政策与法律

时间	政策与法律	内容
2011 年	《政府部门公共信息重用政策》	为方便公众对信息的获取，规定政府共享数据的标准、格式以及收费标准，且相关的定价标准可通过 Data. gouv. fr 查询获取
2014 年	《"数字共和国"法案》	提高对网络数据的监管及利用，对数据安全等问题给予高度重视
2015 年	《2015 - 2017 年国家行动计划》	切实执行有关问责制，协商、协调及共同创建公共行动，创新经济和社会分享数字，继续共享行政部门，共享政府服务，以促进气候和可持续发展，共 26 项承诺
2016 年	《公众与政府关系法》	任何人都有权利获得公共机构在公共服务行政框架内但未被发现的文件

资料来源：笔者自行整理而得。

美国政府非常重视数据共享的建设。近十年来，美国联邦政府陆续发布了十多项政策法规来确保政府共享数据的安全顺利进行，这些法规政策涉及各个领域（见表 2 - 3），明确规定了各项行动的执行部门与具体职责。随着政策的不断修订和完善，美国政府的数据共享开创了一个全新的局面（蔡婧璇和黄如花，2017）。为适应大数据时代的要求，美国立法机构不断修订完善法案，按照目标对象的不同，美国政府数据共享政策与法规可分为政府部门数据联通、政企数据共享、政民合作三个维度。通过保障多主体共同参与、相互补充，美国形成了良好的政府数据共享体系（侯人华和徐少同，2011）。2020 年《物联网网络安全改进法案》的签署标志着对 IIoT 领域安全性重视程度的显著提升。该法案由时任总统特朗普签署，其核心是赋予国家标准技术研究所管理联邦政府采购的 IoT 设备的网络安全风险的权力，体现了政府在推动网络安全方面的积极姿态，同时也显示出利用政府采购的影响力来促进整个行业网络安全水平提升的策略。美国政府着眼于为 IoT 设备制定基本的安全措施以确保这些设备在联邦政府环境中的安全使用，既保障了政府机构使用这些设备的安全性，也为整个 IoT 行业树立了网络安全的标准。法案的实施鼓励 IoT 设备生产商在设计和制造过程中加入更多的安全措施以提高设备对网络威胁和攻击的抵抗力。以政府采购为杠杆的方法有效地推动了整个 IoT 行业在安全性方面的进步的同时也促使相关企业更加重视产品的安全设计和数据保护。

进一步，加州通过的新 IoT 安全法（SB - 327）于 2020 年生效，标志着美国在 IoT 安全立法方面迈出的重要一步。新 IoT 安全法成为美国首个专门针对 IIoT 设备的安全法律，为直接或间接连接到互联网的 IIoT 设备制定了全新的安全要求。法律规定在加州销售的设备必须配备"合理的安全特性"以应对增加的网络连接可能带来的风险。SB - 327 法案将责任和举证责任放在 IIoT 供应商本身确保设备在加州连接到互联网时的安全性。

表 2 - 3　　　　　　美国政府数据共享相关政策与法律

时间	政策与法律	内容
1966 年	《信息自由法》	除某些政府信息免于公开外，联邦政府的档案和信息原则上向所有人开放
2009 年	《M - 10 - 06 开放政府指令》	首次明确提及数据层面的共享
2010 年	《13556 号执行命令》	建立了管理需要保护但未涉密信息的标准化流程
2012 年	《数字化政府政策》	要求政府各机构将所持有的数据转换成易共享的数字化形态
2014 年	《开放数据行动计划》	对数据共享工作进行了全面总结，提出了改进与完善的四项举措
2016 年	《开放政府数据法案》	联邦机构在可能的情况下默认公开不涉及个人隐私和公众安全的非敏感性数据

资料来源：笔者自行整理而得。

　　中国在多个法律、法规、规范等文件中体现了对数据安全的保护，但是由于缺乏一部完整、系统的数据安全法律，使得中国在面对国际数据纠纷时容易陷入被动局面，出现数据行业交易市场不规范，组织、公民的合法权益受到侵犯却无法可依的现象，导致数据无法充分发挥价值（刘桂锋等，2021）。为解决这一难题，全国人大常委会于2021年6月通过了《中华人民共和国数据安全法》，对数据做了定义，专指任何以电子或者其他方式对信息的记录。而数据处理，包括数据的收集、存储、使用、加工、传输、提供、公开等。数据安全，特指通过采取必要措施，确保数据处于有效保护和合法利用的状态，以及具备保障持续安全状态的能力。《个人信息保护法》的施行，在数据共享方面确定了保护原则并设立相应的民事、行政、刑事责任，力图全方位保障我国智慧社会治理的数据安全。此外，我国现有立法缺乏对特定场景的规定以及数据类别的区分（林梓瀚和郭丰，2020），例如，2018年《科学数据管理办法》发布以来，已有10多个省份相继出台了科学数据管理实施细则，然而对于存在共享限制但在一定条件下能够共享的数据，目前也没有一套公开的数据处理管理办法（唐素琴和赵宇，2021）。表2-4列举了我国近年的相关政策与法律法规。

表 2 – 4　　　　　　中国政府数据共享相关政策与法律

时间	政策与法律	内容
2012 年	《关于加强网络信息保护的决定》	提升人们对信息安全由期望质量标准变为基本质量标准的要求，降低个人信息外泄的风险概率
2015 年	《促进大数据发展行动纲要》	加快政府数据开放共享，推动资源整合，提升治理能力；推动产业创新发展，培育新兴业态，助力经济转型；强化安全保障，提高管理水平，促进健康发展
2016 年	《网络安全法》	国家鼓励开发网络数据安全保护和利用技术，促进公共数据资源开放，推动技术创新和经济社会发展。国家支持创新网络安全管理方式，运用网络新技术，提升网络安全保护水平
2018 年	《电子商务法》	政府调整、企业和个人以数据电文为交易手段，通过信息网络所产生的，因交易形式所引起的各种商事交易关系。规范电子商务领域针对个人信息的保护制度
2019 年	《区块链信息服务管理规定》	旨在明确区块链信息服务提供者的信息安全管理责任，规范和促进区块链技术及相关服务健康发展，规避区块链信息服务安全风险，为区块链信息服务的提供、使用、管理等提供有效的法律依据
2019 年	《中华人民共和国政府信息公开条例》	为了保障公民、法人和其他组织依法获取政府信息，提高政府工作的透明度，建设法治政府，充分发挥政府信息对人民群众生产、生活和经济社会活动的服务作用
2021 年	《数据安全法》	规范数据处理活动，保障数据安全，促进数据开发利用，保护个人、组织的合法权益，维护国家主权、安全和发展利益，依法在中华人民共和国境内开展数据处理活动及其安全监管

资料来源：笔者自行整理而得。

数据共享的目为促进社会各阶层发掘政府数据潜力，从而构建新的社会功能（徐妹和刘士霞，2019），然而数据共享也是数据商业化利用的重要手段之一，共享过程中的制度障碍及司法纠纷也引发了对其合法性的质疑。金励和周坤琳（2021）指出数据共享治理的负外部性已然成为数据共享发展中不可回避的问题，制度层面上数据共享的治理理论缺失，实践层面上利益需求的差异导致难以制定数据共享规则，都将在司法应对能力层面引发针对数据共享的争议。进一步，智慧社会发展过程中，不同类型人群由于对社会信息资源占有和使用程度的不同，易造成"信息落差"和"知识分隔"等涉及公平公正的信息鸿沟问题（安宝洋和翁建定，2015），同时也会遇到数据壁垒、专业能力欠缺以及政策法规滞后等方面的阻碍（母睿和王玉婷，2021）。基于此，数据立法在本质上是对于多样化的数据利益进行的识别与确认，对于现实的数据利益予以法律上的调整，从而形成数据法益（任颖，2020）。

2.4.1　网络安全和隐私风险

近年来，传统 IoT 及 IIoT 网络安全领域的量化研究主要集中于 CVE（Common Vulnerabilities & Exposures）、CWE（Common Weakness Enumeration）漏洞排序矩阵和 CVSS（Common Vulnerability Scoring System）算法以及黑客攻击等，但当前 CWE 和 CVE 等排序矩阵仍缺少实证依据

（Gregory et al. ，2018）。SCADA 系统是用于远距离监控的 IIoT 核心技术，将 IIoT 中的基础设施相互串联并形成一个庞大而复杂的系统，在工业生产及国防安全等领域发挥关键作用（Chen et al. ，2021）。IIoT 与元宇宙在数字经济的发展背景下存在密切的共生合作关系，IIoT 系统的网络安全问题也将逐渐暴露于元宇宙系统，因此需进行提前研究以防范（陈辉等，2022）。安全性和隐私问题在 IIoT 的发展中发挥着至关重要的作用，大量数据的安全性和个人隐私保护成为企业和用户的主要关切。IIoT 设备经常需要收集和传输大量关键数据，如机器性能参数、用户行为模式、业务运营信息等，敏感的数据在缺乏恰当保护措施的情况下可能面临被盗用、滥用或泄露的风险，不仅威胁到用户的隐私安全，也可能对企业造成严重的经济损失和品牌信誉损害。因此，企业必须采取一系列综合性的安全策略来有效应对这些挑战。首先，加强设备的物理和网络安全至关重要，包括但不限于加密技术的使用、安全的认证机制以及对设备的持续监控和管理。例如，通过使用强加密算法来保护数据传输过程，可以有效防止数据在传输过程中被截获和篡改。此外，安全的认证机制如多因素认证可以防止未授权访问，而对设备的持续监控则有助于及时发现和应对潜在的安全威胁。其次，保护数据传输过程中的安全是另一个重要方面，由于 IIoT 设备通常需要在网络中传

输大量数据，因此确保这些数据在传输过程中的安全成为
防止数据泄露和篡改的关键。不仅涉及数据的加密传输，
还包括对网络流量的监控和管理以及对数据传输路径的安
全评估。再次，确保存储数据的安全也同样重要，包括数
据的加密存储、对存储设备的安全管理以及定期进行数据
备份和恢复演练等。通过加密存储敏感数据，即使数据被
非法访问也无法被轻易解读。而对存储设备的安全管理和
定期备份则可以在数据丢失或被破坏时，快速恢复数据，
减少损失。此外，遵守相关的数据保护法规也是确保安全
性和隐私的关键。随着数据保护法规的不断发展，企业需
要确保其数据处理和管理活动符合这些法规的要求，不仅
有助于保护用户的隐私权益，也有助于提升企业的合规性
和社会责任感。最后，建立隐私保护措施是应对安全性和
隐私问题的另一个关键环节。企业需要确保以合法和透明
的方式收集和使用用户数据并向用户提供清晰的隐私政策。
通过上述措施，IIoT 解决方案不仅可以更安全地运行，还
能提升用户对企业品牌的信任和忠诚度。

　　保障数据安全和用户隐私是也政府需要重点考虑的方
面。政府可以通过制定相关法规和标准来确保 IIoT 环境中
数据的安全和用户隐私的保护。政府需对数据收集、处理、
存储和共享的严格规定以确保所有操作符合数据保护法律
和隐私政策。政府还可以推动行业内部制定如加密技术的

使用、安全认证流程和数据泄露的应急响应机制等统一的数据安全标准。与此同时，政府可以鼓励企业通过技术创新提升数据安全水平，采用区块链技术确保数据的不可篡改性和透明性。进一步，为了增强公众对 IIoT 技术的信任，政府应加强公众教育和意识提升活动，让用户了解自身的数据如何被收集、使用和保护。通过政策等措施，政府不仅能够促进 IIoT 技术的健康发展，还能保护个人和企业的利益，构建一个安全可靠的 IIoT 生态系统。基于上述分析，以"安全、隐私和信任机制对智慧社会的作用效应"为研究思路，形成数据共享、伦理互融的量化研究来支撑相关前沿理论的预见，最终为高效率的智慧社会发展及解决新型的 IIoT 伦理问题提供政策启示与决策建议（见图 2 - 7）。

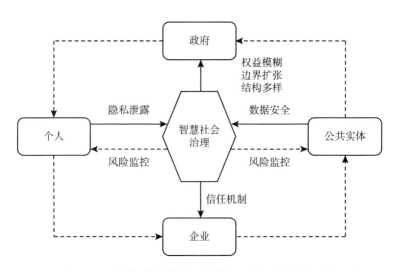

图 2 - 7　数据共享模式下的安全、隐私和信任机制

资料来源：笔者自行绘制。

2.4.2 技术标准与兼容性问题

技术标准和兼容性在 IIoT 的发展中扮演着核心角色。在构成复杂网络的众多不同设备和系统之间，无缝通信和互操作性是实现 IIoT 全功能的基本要求。为此制定和遵循通信协议、数据格式和安全规范等技术标准成为实现这些设备之间有效通信的关键。一方面，技术标准的存在不仅降低了系统集成的复杂性，也为设备制造商和软件开发商提供了清晰的方向，确保了来自不同制造商的产品和服务能够有效协同工作。标准化使得整个 IIoT 生态系统更加稳健，提升了系统的操作效率和可靠性，也加速了新技术的采纳和推广。随着 IIoT 技术的不断演进和市场需求的变化，技术标准也在不断更新和优化以适应新兴的技术和应用。通过遵循动态发展的标准，IIoT 系统不仅能够保持高度的灵活性和可扩展性，还能确保长期的可维护性和兼容性从而为企业提供了构建可持续和高效 IIoT 解决方案的坚实基础。另一方面，IIoT 领域的技术组件兼容性对构建高效和可靠的系统至关重要。从传感器、边缘设备到云平台的部分都必须能够无缝协作以实现整个系统的最优运行。设计和开发过程中不仅需要考虑单个设备或系统的性能和功能，更要考虑它们如何与其他组件集成和互操作。兼容性的实现依赖于遵循工业互联网联盟（Industrial Internet Consortium，IIC）、国际电气标准委员会（International Electrotechnical Commission，IEC）等组织制定的行业标准。随着技术的不断进步，标准和规范也需持续更新和优化以适应新技术和市场需求的变化。不断演进的标准化过程使 IIoT 系统能够保持高度灵活性和可扩展性的同时也确保其长期的可维护性和升级能力，从而支持企业构建可持续发展的高效 IIoT 解决方案。

制定统一的技术标准和行业规范对于 IIoT 的健康发展至关重要，政府机构在制定相关政策时应当充分考虑。统一的标准和规范不仅有助于减少不同设备和系统间的兼容性问题，还可以提高整个行业的效率和安全性。一方面，政府可以在促进标准化和推动技术创新上做出政策的制定；另一方面，政府可以通过与行业组织、研究机构以及国际标准化组织的合作，制定和推广统一的技术标准和行业规范。此外，政府也应鼓励和支持企业参与标准制定过程，确保标准能够反映行业的最新技术进展和实践经验。

2.4.3　人力资本发展启示

技术与劳动力之间的关系在 IIoT 的发展背景下变得日益重要，自动化水平的提升和效率的增加可能会减少某些传统劳动力角色的需求，尤其是重复性高、技能要求低的工作，但同时也在数据分析、系统维护、网络安全和高技能工程设计等领域创造了新的工作机会。新兴领域通常要求更高的技术技能和创新能力，当企业引入 IIoT 解决方案时必须考虑这些变化对现有员工的影响，不仅涉及员工技能的提升和重新培训，还包括对工作角色的重新定义和职业生涯的重新规划。技术与劳动力关系的转型对企业文化和员工心态也提出了挑战，因此，企业需要采取综合性策略确保技术变革与人力资源管理的协调一致。此外，企业还需要注意技术与劳动力之间的互动关系，强化人机协作，确保技术的有效利用同时充分发挥人的创造性和适应性。在未来，随着 IIoT 技术的不断成熟和应用范围的扩大，技术与劳动力的互动关系将变得更加复杂和动态。企业需要不断适应这些变化，通过持续的教育和培训、技能发展及组织和文化的适应以充分利用技术带来的机遇并应对由此产生的挑战。

技术与劳动力的关系也是政府需要关注的重要议题，为此，政府需要制定全面的教育和培训政策以帮助现有劳动力适应这些变化，并为未来的技术挑战做好准备。首先，政府可以通过建立和支持专门的培训项目，提供针对 IIoT 相关技能的教育和培训。教育和培训应涵盖从基础的数字技能到更高级的编程、数据分析和网络安全等领域，跨学科的培训方法对于技术工人重要的同时，对于需要了解如何有效地整合和应用 IIoT 技术的管理人员和决策者也同样关键。此外，政府可以通过提供奖学金、税收优惠和资金支持等激励措施，鼓励个人和企业参与这些培训计划，以此帮助现有劳动力顺利过渡到新的工作角色的同时为青年和未来的劳动力提供必要的技能和知识，以适应不断变化的工作环境。其次，政府应该支持创建在线教育资源和平台，教育资源应覆盖从基础技能到高级专业技能的全方位课程使学习更加灵活和可访问。通过提供高质量的在线课程和教育材料可以使更广泛的人群受益，特别是那些地理位置偏远或时间安排不便的人群。最后，政府可以通过政策和资金支持鼓励私营部门参与到教育和培训项目的开发中，利用专业知识和资源来提高培训的实用性和效果。通过全面的措施，政府能够有效地支持劳动力的转型和技能升级，帮助他们适应 IIoT 带来的变革，从而推动整个社会和经济的持续发展和创新。

第 3 章　工业元宇宙

3.1　元宇宙关键技术与应用

3.1.1　模拟系统

数字媒体在数字技术的信息传播过程中起到主导作用（Tang et al.，2017），而元宇宙将进一步引领数字媒体传播范式与传播生态的变革（赵敬和潘冰，2022）。感官模拟提供了新的传播范式及个体沉浸式的用户体验，如目前较为成熟的视觉模拟系统。然而仅凭视觉模拟远未能实现完整的元宇宙，人类对自然领域的感知还依靠听觉、嗅觉、味觉、触觉等感觉器官（Saas et al.，2017），为此元宇宙系统需依托全方位的高度逼真感知模拟体系形成。当前听觉系统的立体声仿真已达到较高水平，但对复杂场景中多声源应用还需更强大的算法支撑。由于人类的味觉和嗅觉系统过于复杂，无法形成复合味觉和嗅觉，造成味觉和嗅觉系统模拟技术的发展相对缓慢。例如，通过简单的化学原料浓缩配比，仍难以形成准确的风味以提高其商业价值（Alberbawi et al.，2018），因此需要更多前沿数字科技推动感官模拟产业的发展。

3.1.2　人工智能场景

　　元宇宙是以区块链为底层技术构建起来的，它不仅代表了一种互联互通、自由平等的新型网络结构，还承诺将现实世界和虚拟空间无缝融合，创造出一个开源开放的新世界（鲁照旺，2022）。上述要素构成了元宇宙系统的基础场景，元宇宙系统还需模拟更多自然人主体行为，以形成类似于现实社会的丰富场景。人与元宇宙场景的交互主要包含四个基本要素：数字替身、虚拟社交网络、虚拟经济及虚拟情境（王竞一等，2022）。由于人与人工智能的互动缺乏真实感受，此类感受不仅源于人工智能的僵化，还归咎于高度智能化后的人工智能难以与线下融合，由此也产生了"数字隔阂"。无论是模拟娱乐、生活或是工作场景，元宇宙的价值不局限于提供一个 3D 沉浸式的数字模拟场景，也能为用户提供更大的自由度及更丰富的体验，这需要元宇宙系统高度拟合人文社交场景。元宇宙场景下的虚拟社区知识共享模式，也能为未来虚拟社区中知识的高效共享提供新的路径（郭亚军等，2022）。元宇宙借助大数据技术整合不同人工智能算法能够形成初期的"通用"智能技术，基于"通用"人工智能模型，数字化主体得以在元宇宙场景中演化，从而构建更多具有元宇宙特征的数字化主体。

3.1.3　生物数字技术

人工智能的发展为元宇宙的发展奠定了数字技术基础，生物数字技术将进一步推动元宇宙的发展。人机交互与生物数字技术的跨学科融合，特别是神经系统与电子系统的耦合，将对元宇宙的进程起到关键推动作用。主要技术包括以下三类：（1）运动感知系统。全身传感器可准确感知人体动作并进行数字模拟，目前已在运动、娱乐等领域广泛应用（Li，2017）；（2）器官感知与反馈系统。包括人工耳蜗、电子皮肤和触觉手套等。人工耳蜗是一种直接与人类神经系统互连的人造器官，目前已广泛应用于医学领域。电子皮肤和触觉手套可准确测量与感知手部的细微动作，模拟并反馈于皮肤神经，主要应用于高端制造业及医疗领域（Wang，2017；Khamadi，2018）；（3）脑电波控制与脑接口。一种脑接口可不深入皮肤，利用大脑发出的脑电波来控制数字设备；另一种须将神经与电极连接构成生物电子神经系统。前者已应用于无人机控制等领域，后者仍存在较大的伦理与技术难题。

为了实现更逼真的模拟场景，元宇宙需准确模拟自然系统，否则可能沦为升级版的网络游戏（周逵，2022）。地球上的自然系统主要包括天气、海洋、生物系统等，以及人类活动引发的物理、化学变化。元宇宙将从单一的自然宇宙扩展到虚实并存的双重宇宙，是自然界的孪生形态与延伸部分（蒲清平和向往，2022）。目前的 3D 系统已能实现对自然系统的初步模拟，如太阳、风、霜、雨和雪等的稳态分析。然而初步的视觉模拟只能构成元宇宙的基本场景，开发元宇宙系统仍需要对大量不同层次的研究对象建模分析。

3.1.4　全息投影与可穿戴设备

全息投影又称全息 3D 技术，是一种利用干涉与衍射原理记录物体反射光波中的信息，再现物体真实三维图像的投影技术（Yu，2021）。虚拟现实技术融合了数字成像、传感器、多媒体、人工智能、计算机制图等信息技术，为虚拟世界的创造与体验提供了媒介平台，因而能极大推进元宇宙产业的发展。虚拟现实技术最大的特点是通过计算机建立一个虚拟环境以模拟真实环境，或通过计算机形成的三维空间让用户有身临其境的体验。近年来，办公、教育、医疗、房地产、考古、军事、娱乐等领域都已开始布局虚拟现实技术的应用。在办公领域，元宇宙的虚拟空间可实现虚拟办公，如微软开发的 Mesh 应用及 Metaverse 的 Horizon Workrooms 模块等。在教育领域，疫情期间中国传媒大学动画与数字学院运用虚拟空间技术举行了线上毕业典礼，不仅还原了校园实景，还模拟了签到、走红毯、领导发言等场景。在房地产领域，元宇宙虚拟场景可模拟真实房屋参观体验，购房者得以在家中借助元宇宙虚拟现实技术参观位于世界任何地方的房屋，如 2021 年的淘宝造物节就发售了 310 套数字房产。未来的企业将基于 VR 应用开发更多的虚拟商场、虚拟商品等，以提升顾客的虚拟购物体验（赵敬和潘冰，2022）。

增强现实技术将真实环境和虚拟对象实时叠加在同一屏幕或空间上（Bratt，2019），并不完全向用户呈现一个虚拟世界，而是将现实世界与虚拟物体叠加，产生一种常态下无法正常获取的体验，即对现实世界的虚拟化扩展。元宇宙系统包含沉浸式的 3D 体验环境，需要大量的数字媒体去构建环境或搭建场景。为此，通过数字技术构建新的沉浸式环境，进而在现有数字媒体基础上为元宇宙系统提供新素材，是未来元宇宙的重要发展方向。由阿里巴巴领投的 AR 眼镜制造商 Nreal 已完成 6000 万美元的"C +"轮融资，腾讯也与知名科技公司 Roblox 达成战略合作并创建 Roblox 中国控股（苏德悦，2022）。

Facebook 从 2014 年就开始在布局虚拟现实领域，收购了可穿戴设备制造商 Oculus 的虚拟现实项目。由于当时硬件条件不成熟，造成终端用户体验反馈较差。2021 年 Facebook 发布了 Oculus 第二代虚拟现实眼镜，连续穿戴两个小时无眩晕感，由此更多的元宇宙应用得以应用于虚拟现实虚拟场景中。易欢欢和黄心渊等（2021）提出虚拟现实等可穿戴设备是元宇宙的关键发展方向。首先，2021 年被称为"元宇宙元年"（胡乐乐，2022），当前的终端硬件产品已呈现出核心的时间拐点效应，类似于 2007 年苹果推出第一代 iPhone 手机。具体而言，Facebook 在过去几年不仅升级了可穿戴设备，还将区块链等虚拟资产技术应用于其全球 29 亿个用户账户的数据库，以构建 Diem 资产系统。微软将 HoloLens 头盔和眼镜项目出售给美国国防部，用于构建数字化的模拟战场，在数字地图上还原虚实共生的数字战场，美军通过现实增强系统将能实现作战模拟演习。其次，苹果也计划于 2023 年推出可穿戴设备的终端产品，元宇宙产业内真正的用户体验级终端产品可能就此诞生。

3.2 数字经济推动元宇宙产业发展

3.2.1 数字经济特征

数字经济定义为以数字技术为基础，通过互联网、大数据、人工智能等信息技术实现经济活动的数字化、网络化和智能化的经济形态，涵盖了从数字基础设施建设到数字技术在各种行业和领域的应用以及数字产品和服务的产生和交易等多个层面。数字经济发展主要具备以下四个方面的特征。

（1）数据驱动。数字经济背景下的数据驱动不仅是一种理念，也是现代经济活动的核心动力。数据被誉为新时代的"生产要素"，其重要性与传统的生产要素如土地、劳动和资本相媲美，而数字经济强调数据的价值和作用，通过充分挖掘和利用数据可以极大地推动经济活动的创新和优化。传统经济体系中信息的缺乏和不对称常常是市场失灵和效率低下的重要原因，然而数字经济时代的大数据技术的应用使得企业和政府能够获取前所未有的海量信息从

89

而更好地理解市场需求、优化资源配置和提高生产效率。首先，数据驱动决策能够帮助企业快速响应市场变化从而精准定位目标客户以及提高产品和服务的质量。其次，数据的分析和利用还能为企业带来新的商业模式和收入来源，企业对用户行为和消费偏好进行数据分析可以发现新的市场机遇并设计更符合市场需求的产品和服务。最后，数据还可以帮助企业优化供应链、提高运营效率和降低成本进而提高企业的竞争力和盈利能力。在实现经济活动的创新和优化过程中，数据驱动为企业和社会带来了新的机遇和挑战，企业需要投资于数据采集、分析和保护的相关技术和人才以确保能够充分利用数据的价值的同时保护消费者和公众的隐私和安全。

（2）网络化协作。网络化协作是数字经济中不同主体间互动与合作的新模式，互联网和数字技术为企业、政府和个人提供了一个高效、灵活和开放的协作平台。网络化协作突破了传统合作的空间和时间限制使得信息能够在全球范围内快速流动，资源得到高效配置进而提高了整体经济效率和创新能力。首先，网络化协作极大地加速了信息的交流和分享，通过互联网和移动通信技术，企业和个人可以实时交换信息、共享知识和经验从而快速响应市场变化并提高决策效率。与此同时，大数据和云计算技术也使得企业能够在网络平台上分析和处理海量数据获取有价值的市场洞察和业务智慧。其次，网络化协作为资源的高效配置提供了可能，企业在数字平台上能够更好地协调供应链、优化库存和调度生产实现资源的最优配置。最后，网络化协作也为跨地域、跨行业和跨领域的合作提供了新的机遇，企业和个人可以在网络平台上找到最合适的合作伙伴并共同开发新的产品和服务。网络化协作也为创新和学习提供了良好的环境，开放的网络平台可以集聚来自全球的创新资源和人才，促进知识的交流和技能的传播为企业和个人提供了持续学习和创新的机会。企业凭借网络化协作能够建立多元化和跨领域的创新团队，推动技术和业务模式的创新。网络化协作的发展也带来了如数据安全和隐私保护、网络信任和合作规则的建立等一些新的挑战。为实现网络化协作的长期发展和健康发展，需要企业、政府和社会各方共同努力，建立健全的网络安全和法律法规体系促进网络信任和公平公正的网络合作环境。

（3）智能化。通过借助人工智能、机器学习（machine learning，ML）以及其他先进的数字技术，数字经济不仅能够实现经济活动的智能化，更能显著提升生产和服务的效率与质量，智能化在其中成为推动经济活动创新和优化的重要力量。首先，智能化技术能够大幅提升生产效率和优化生产过程，企业应用人工智能和机器学习算法能够实时监控生产线的运行状态，预测和诊断设备故障从而减少停机时间，提高生产效率。其次，智能化技术为提高产品和服务质量提供了强有力的支持，企业借助于数据分析和机器学习深入了解消费者需求和市场趋势，设计出更符合市场需求的产品和服务，进一步，智能客服和自动化服务流程也能提升服务的响应速度和客户满意度。再次，智能化技术为创新和研发活动提供了丰富的工具和方法，通过利用深度学习和自然语言处理技术，企业能够从海量数据中提取有价值的信息和知识为产品研发和市场策略提供数据支持。最后，智能化技术的发展也对职业技能和教育培训提出了新的要求，为了适应智能化的生产和服务环境，企业和个人需要不断更新知识和技能，提升数字素养和创新能力。

（4）数据共享。数字经济时代的来临为开放与共享带来了全新的可能和意义，开放与共享不仅是数字经济的重要特点，更是其核心价值所在。数据共享推动了开放的创新生态系统和共享经济的发展并为社会和经济带来了深远的影响。开放与共享促进了创新生态系统的发展，开放的创新生态系统中，企业、政府、学术机构和个人能够自由交流思想、分享知识和技术。开放的交流和合作为技术创新和知识产生提供了丰富的土壤同时也为各种创新活动提供了更广阔的平台。共享经济模式通过打破传统的所有权和使用权的界限实现资源的高效利用。共享出行、共享住宿等共享经济模式使得个人和企业能够以更低的成本、更高的效率来使用和分享资源。此外，开放与共享推动了新的商业模式和服务模式的创新，借助数字技术的企业能够开发出新的开放和共享的商业模式，如开放平台、API 经济和数据市场等，新的商业模式不仅为企业和个人提供了新的收入来源，同时也为社会带来了更多的价值。开放与共享的理念也对社会和文化产生了影响，鼓励人们以更加开放和合作的心态来面对新的机遇和挑战，为构建更加包容和多元的社会提供了思想支持。

3.2.2 数字经济浪潮下的元宇宙产业分析

元宇宙是数字经济与数字科技融合新形式，数字经济和以元宇宙为代表的数字技术构成强烈的互动关系。任何数字经济的科技性需求存在，科技领域就会提出解决方案，所以数字经济是以创新作为常态的经济，也是不断进行自我"计算"、不断自我创建和自我更新的经济。数字经济将是对人类社会形态与结构的一场宏大而深刻的变革。发展元宇宙与数字经济对于中国经济的进一步成长壮大与先进科技的产业建构是关键之举，也亟须在国家层面着眼于科技发展长周期把元宇宙数字经济战略与科技兴国战略、碳中和战略、乡村振兴战略、国家文化数字化战略、共同富裕战略等形成顶层战略合力，形成"大科学、长周期、全协作"的科技发展联盟。此举不仅是确保中国在未来世界科技经济新格局中取得重要竞争位置的需要，也是更好地解决当下扩大内需、双循环、供给侧改革的需要。

数字经济具有天然的全球化"基因"，非物质形态的数字经济将改变国际贸易结构，突破传统贸易的时空制约并酝酿基于数字经济的新全球化以及基于数字产业与服务的国际贸易体系。数字经济的新全球化过程中，全球数字经济和数字科技竞争将加剧，引发世界财富分配的新格局。数字经济在变革的广度力度和深度上远超工业革命、IT革命、互联网革命，中国需要把握住这历史性的关键时间窗口。元宇宙归根结底是若干科技前沿领域的持续创新的结果，例如，美国近二十年的科技创新绝大多数源于中小微科技企业，而激发中小微科技企业茁壮成长的主要是三大力量：第一是互联网科技大厂的企业风险投资和孵化；第二是民间的风险投资；第三是通畅的资本市场退出机制。我国这几年出台的遏制资本无序扩张和对平台经济严监管政策取得了一些成效，但在执行过程中被一定程度地扭曲和放大，客观上一方面造成了互联网科技大厂的企业风险投资部门被很大程度上裁撤和萎缩，另一方面基金业协会对私募股权投资基金过于严格的准入审查和监管抑制和阻碍了民间风险投资的活力和正常经营，尤其是早期投资。

将私募当公募严管的理念和做法成了全行业的难言之隐，且与国际先进经验和惯例相悖。各类政府引导基金和央国企基金，虽然表面上规模很大，但其追责机制导致其本质都是风险厌恶型基金，实际上做的都是低风险的后期投资和明股实债类投资使得中国科技创新最需要的早中期风险投资严重缺位。

根据国家统计局《数字经济及其核心产业统计分类（2021）》关于数字经济的定义，"数字经济"是指以数据资源作为关键生产要素、以现代信息网络作为重要载体、以信息通信技术的有效使用作为效率提升和经济结构优化的重要推动力的一系列经济活动。数字科技及其应用代表了全球第四次产业和技术革命，数字经济已经成为"工业4.0时代"国际经济竞争的新领域（黄建忠等，2022）。元宇宙是指一个基于虚拟现实和区块链技术的虚拟世界，它为用户提供了一个完全数字化的、高度交互和自定义的环境。目前，元宇宙仍然处于起步阶段，但是已经受到了全球范围内的广泛关注和研究。元宇宙基于虚拟空间构建虚实共生的全新社会生态，是与现实世界相连的虚拟社会，也是数字经济的重要内容。以元宇宙为代表的数字经济产业作为当前全球尖端科技集成应用的前沿领域，有望带来众多颠覆式创新，产业链价值巨大（方胜，2022）。2021年，随着 Facebook 正式更名为元宇宙（Meta），元宇宙热潮开始迅速席卷全球并融入工业、金融等领域。2021 年以来，多地政府工作报告和产业规划开始密集出现元宇宙的身影（刘美琳，2022），表 3 - 1 还列举了国家各部委相关产业规划，同样也释放出非常积极的信号。

表 3 - 1　　　　　　　　元宇宙产业规划

时间	举措	部门	内容
2022 年 1 月	中小企业发展情况发布会	工业和信息化部	培育工业互联网、工业软件、网络与数据安全、智能传感器等方面的"小巨人"企业；培育元宇宙、区块链、人工智能等新兴领域的创新型中小企业
2022 年 1 月	元宇宙安全研讨会	中国信息通讯研究院	元宇宙是一种极度复杂、高度数字化、虚实结合的互联网形态，既面临传统的数据安全、网络安全和内容安全等风险，也面临新型网络攻击和伦理风险等挑战
2022 年 1 月	金融科技发展规划（2022 - 2025 年）	中国人民银行	依托 5G 高带宽、低延时特性将增强现实、混合现实等视觉技术与银行场景深度融合，推动实体网点向多模态、沉浸式、交互型智慧网点升级
2021 年 12 月	元宇宙如何改写人类社会生活	中央组委国家监委	理性看待元宇宙带来的新一轮技术革命和对社会的影响，不低估 5 ~ 10 年的机会，也不高估 1 ~ 2 年的演化
2021 年 12 月	"十四五"数字经济发展规划	国务院	创新发展"云生活"服务，深化人工智能、虚拟现实、8K 高清视频等技术的融合，拓展社交、购物、娱乐、展览等领域的应用，促进生活消费品质升级
2021 年 11 月	中华人民共和国个人信息保护法	全国人大常委会	加强生物识别等敏感个人信息的保护、通过有限度的可携带权的设定加强对个人信息的控制及打破平台数据垄断、对不同规模企业区别设置义务责任等

资料来源：笔者自行整理而得。

96

　　元宇宙应用借助大数据、人工智能算法等数字技术形成早期的元宇宙场景，数字化主体在元宇宙场景中演化成为具有元宇宙特征的人工智能主体（郭亚军等，2022），并通过全息投影、可穿戴设备等方式展示。元宇宙将引领数字媒体传播范式与传播生态的变革（赵敬和潘冰，2022），从单一的自然宇宙扩展到虚实并存的双重宇宙，是自然界的孪生形态与延伸部分（蒲清平和向往，2022）。元宇宙即将开启一个新的虚拟"数字共同体"网络空间（曹克亮，2022），互联网技术的高速发展为元宇宙奠定了坚实的基础，同时元宇宙的发展也会促进现有数字科技的升级换代（王文喜，2022）。具体而言，元宇宙的发展进程可大致分为以下三个阶段：第一阶段，通过数字技术形成一个无比巨大的虚拟世界（李峥，2022）；第二阶段，参与主体逐步延伸，伴生物理人之外的虚拟人或数字人（谢新水，2022）；第三阶段，虚拟社会融入实体社会，形成一个虚实共生的全新世界（易欢欢和黄心渊，2021）。目前元宇宙处于高速发展期，未来还将持续受到资本、技术和社区的支持，预计将成为新一代数字化世界的重要组成部分。

3.2.3　工业元宇宙发展理念

　　数字经济正以前所未有的速度和规模重塑着现代社会

的经济结构和发展模式，与此同时，数字经济的高速发展催生了许多创新的商业模式和服务，丰富了市场的多元化，也为传统工业领域注入了新的活力，特别是在工业元宇宙的背景下如数字孪生技术和区块链/NFT 非同质化代币（Non - Fungible Token，NFT）技术等新模式和服务为企业和社会的发展提供了广泛的应用场景和巨大的商业价值（见图 3 - 1）。首先，数字孪生作为一种将物理世界与数字世界紧密结合的技术为工业元宇宙的发展提供了强有力的技术支持。通过创建物理资产的数字副本，企业能够在虚拟环境中模拟和测试产品的设计和性能，大大缩短了研发周期，降低了研发成本。与此同时，数字孪生技术也为产品的远程监控和实时优化提供了可能，帮助企业实时响应市场变化，提高产品的竞争力。远程监控技术为企业提供了实时、高效的运营监控解决方案。其次，区块链技术通过其去中心化、不可篡改的特性，确保了工业元宇宙中数字资产的真实性和可信度。区块链上每一次交易和变更都会被永久记录，形成一条不可篡改的数据链，从而防止了数字资产的伪造和篡改，进而为工业元宇宙中的数字资产提供了可靠的产权保护，确保了资产所有者的权益得到尊重和保护。NFT 技术为工业元宇宙中的数字资产提供了独一无二的标识和所有权证明。每个 NFT 都是独一无二的代表着特定数字资产，如设计图纸、3D 模型、虚拟设备等。

数字资产通过 NFT 技术可以被明确标识和区分，使得它们的所有权和使用权得以明确界定，为工业元宇宙中的数字资产交易和流转提供了清晰、透明的规则，促进了市场的健康发展。进一步，区块链和 NFT 技术的结合，还为工业元宇宙中的数字资产提供了更加灵活和多样化的应用场景。例如，利用智能合约技术，可以实现自动化、智能化的数字资产管理和交易；通过 NFT 的碎片化，可以实现数字资产的部分所有权和使用权的转让，进一步释放了数字资产的流动性和价值。

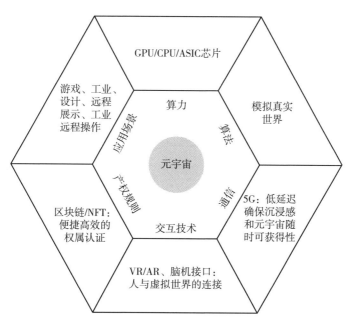

图 3-1　元宇宙技术与数字经济

资料来源：笔者自行绘制。

　　当 IIoT 与元宇宙的理念相交汇时，便进入了一个新的探索领域——工业元宇宙。这一概念不仅是技术上的合并，而且是对未来产业发展方向的一种战略预见。工业元宇宙通过结合 IIoT 在应用层、网络层及感知层的先进技术与元宇宙的虚拟空间概念，提出了一个全新的协同发展架构，将实体工业世界与数字虚拟世界融为一体（Isah，2017）。IIoT 能为元宇宙提供更多现实情境反馈的数据，同时监测真实数据在虚拟场景的应用效果。此外，元宇宙的发展也将赋能智能制造的全面升级（邓聪，2022）。本章结合 IIoT 与元宇宙的发展进程，提出工业元宇宙协同发展的新理念，即 IIoT 在应用层、网络层以及感知层的应用作为元宇宙后端架构的基础单元，形成工业元宇宙架构如图 3 - 2 所示。

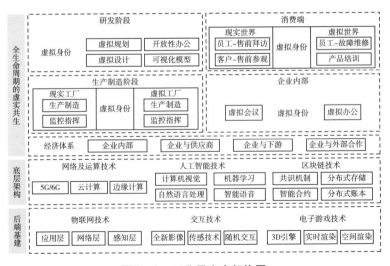

图 3 - 2　工业元宇宙架构图

资料来源：笔者自行绘制。

第一，在应用层面，工业元宇宙集成了 IIoT 的智能控制系统、自动化工具和先进的数据分析能力，元宇宙技术则为其中的虚拟制造系统提供现实世界的反馈从而实现更精准的模拟与预测。同时，数据反馈不仅限于制造流程，还包括产品生命周期管理、供应链优化等多个方面。通过上述方式，元宇宙可以作为一个测试平台模拟和优化现实世界中的生产活动。工业元宇宙在网络层要求一个高速、可靠且安全的数据传输网络。5G 和即将到来的 6G 技术为这一需求提供了可能，网络技术保证了巨量数据在实体世界与元宇宙之间高效传输，无论是传感器收集的实时数据，还是通过现实增强与虚拟现实设备传递的用户交互数据。

第二，在感知层面，工业元宇宙依靠传感器、边缘计算设备感知现实世界的状态和变化并将这些信息传送到元宇宙中。感知层的技术使得元宇宙能够接收来自物理世界的直接输入，如环境参数、设备状态和操作者行为等确保虚拟环境与现实世界之间的无缝对接。进一步，工业元宇宙在这三个层面上的融合并非孤立发生，要求企业在战略上重新考虑其商业模式，产品设计和服务提供方式。企业在工业元宇宙中可以模拟整个生产线的建设和运作，不仅可以在虚拟环境中测试和优化生产过程，还可以用于培训员工，而不必承担传统培训的风险和成本。同时，元宇宙为工业设计提供了一个全新的平台，设计师可以在元宇宙中创建和测试新产品，消费者可以在购买之前在虚拟环境中体验产品从而实现产品设计的快速迭代和市场反馈的即时获取（邓聪，2022）。

第三，在社会层面，工业元宇宙也提出了新的考验。隐私保护、数据安全、知识产权等问题需要在这一新的框架下重新审视。此外，此融合可能引发劳动力市场和教育培训体系的变革，因为要求一种全新的技能集，既包括对传统工业知识的掌握，也包括对数字化工具的熟练运用。工业元宇宙理念不仅是一个技术革新的象征，而且还预示着一种全面的产业和社会变革。现实世界的工业系统与虚拟世界的元宇宙互相补充，共同进步并开辟出无限的可能性和机遇。然而，随之而来的挑战同样不容忽视，需要技术创新、政策支持和社会共识的共同推动。因此，工业元宇宙的构建不仅是一场技术革命，更是一次深刻的社会实践，随着这些技术的不断进步和完善，工业元宇宙将会成为推动工业 4.0 甚至工业 5.0 发展的重要平台，为实现工业和社会的可持续发展贡献力量。

通过整合 IIoT 和元宇宙技术的工业 4.5 时代正在为制造业带来前所未有的变革。首先，设计阶段的元宇宙提供了一个虚拟的、高度互动的环境，设计师和工程师可以在这个环境中进行产品的设计和测试。借助于虚拟现实和增强现实技术，复杂的产品设计可以在虚拟空间中可视化使设计过程更加直观和高效。其次，工业元宇宙技术通过虚拟现实进行远程协作和培训使得生产管理更加灵活，企业能够迅速适应市场变化和客户需求。进一步，工业元宇宙提供的虚拟环境允许技术人员在没有物理接触的情况下远程诊断问题并提供指导，因此企业通过虚拟现实技术能够构建高度仿真的虚拟工厂，为工程师和设计师提供一个沉浸式交互环境，帮助他们更好地理解和优化工业系统。最后，增强现实技术也为现场操作人员提供了有效的辅助工具，提高了操作的准确性和安全性。维护人员使用增强现实技术可以远程查看设备的 3D 模型，准确识别问题所在并提供维修指导。远程的维护方式不仅提高了效率，还降低了维护的复杂性和成本，进一步为实现数字化和智能化生产提供了新的思路和工具。总体而言，虚拟现实和增强现实技术等先进技术的发展为工业元宇宙的构建和发展提供了基础设施和技术支持，工业 4.5 技术从设计生产到维护服务的综合应用使得企业能够进一步模拟、优化和简化复杂的工业系统的同时使得制造业的每个环节都更加高效、精准和灵活，为企业提供了强大的竞争优势的同时也为未来的制造业发展开辟了新的路径。

3.3 工业元宇宙前沿案例

3.3.1 虚拟设计与运营优化：宝马公司 Omniverse 平台

宝马公司以 Omniverse 平台作为其工业元宇宙的核心，打造了未来制造工厂的雏形。Omniverse 平台是宝马数字化转型的关键，Omniverse 平台将高级 GPU（graphic processing unit，GPU）渲染技术与虚拟现实相结合为宝马提供了一个全方位的虚拟工厂环境。宝马的规划人员可以利用 Omniverse 平台中的虚拟环境，在启动大型建设项目和投入资金之前预先优化生产流程，此方法可以大大减少因订单更改和流程优化而导致的成本和停工。Omniverse 平台前瞻性的设计允许宝马在投入实际建造和生产之前对工厂布局、生产线配置以及工作流程进行优化（见图 3-3）。在宝马的虚拟德布勒森电动汽车工厂中，工厂规划力量和灵活性一目了然。凭借 Omniverse 平台，物流和生产规划人员可以模拟工厂流程并执行各种任务，比如显示和识别机器人在受限空间中的最佳位置等。虚拟工厂是真实工厂的精准虚

拟复制品，而真实工厂将于 2025 年开业，预计每年将生产
15 万台电动汽车。

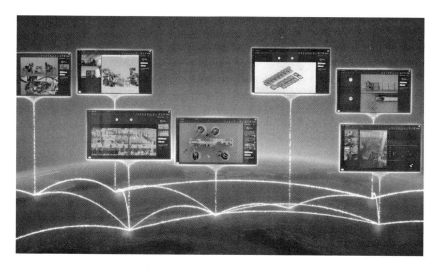

图 3 – 3　Omniverse 平台设计优化

资料来源：笔者自行收集整理而得。

　　Omniverse 平台的一个关键功能是其对多种设计软件数
据的兼容性。宝马能够将 CATIA、Bently 等软件中的设计数
据导入 Omniverse，并利用平台的高性能 GPU 渲染出精确的
三维模型。三维模型不仅展现了宝马工厂的物理布局，还能
模拟生产过程中可能出现的各种情况，如设备运行状态、人
员流动情况等从而在虚拟环境中预见并解决实际生产可能遇
到的问题。Omniverse 平台的另一个显著优势是支持实时协
作，意味着宝马工程师和设计师可以在全球范围内同时访问

同一虚拟模型实现跨地域、跨部门的协同工作，这种协作模式大幅提高了工作效率缩短了产品从设计到生产的周期。

宝马通过 Omniverse 平台实现了虚拟与现实的紧密结合，其生产的 250 万辆汽车中，99％能够实现定制化。高度定制化对生产系统的灵活性和响应速度提出了极高的要求，Omniverse 平台的数据同步能力确保了不同系统之间信息的即时更新和精确传递，对于满足个性化定制需求至关重要。在实际效益方面，宝马预计通过 Omniverse 平台将其生产规划效率提升 30％，不仅体现了 Omniverse 在提高生产效率方面的潜力，也说明了工业元宇宙技术在制造业数字化转型中的实际应用价值。此外，宝马旗下 31 家工厂的工人已经在使用 Omniverse 平台发布工单指令，进一步证实了该平台在实际工业环境中的可操作性和有效性。宝马公司通过引入 Omniverse 平台，不仅在数字化制造领域取得了突破，也为整个汽车行业提供了向数字双胞胎和工业元宇宙转型的范例。随着技术的持续发展和应用，预计未来工业生产将更加智能化、定制化和灵活化，从而在全球制造业中引领一场深刻的变革。

3.3.2 现实增强技术在维修和培训中的应用：波音公司智能工厂

波音公司在其飞机装配和维修流程中引入现实增强技

术，成功地将飞机电线束的布线时间缩短了 25%。据《AR Insider》的报道，现实增强技术的应用归零了装配过程中的错误率，在航空制造业中是一个特别重要的进步，因为其直接关系到飞机的安全性和可靠性。

现实增强技术的实施使得工程师能够通过现实增强眼镜实时看到 3D 叠加的指导信息，大大减少了查阅图纸和手册的时间，提高了工作效率。现实增强技术可视化的操作指导减少了理解复杂装配指令的难度使工程师能够更快、更准确地完成任务。波音的这一举措不仅优化了生产过程，而且在经济上也是划算的，因为减少了由于错误导致的返工和延误，为公司节约了大量成本。此外，波音公司的现实增强技术应用还扩展到了员工培训领域，通过模拟现实环境的交互式培训，新工程师能够在没有风险的情况下练习和熟悉飞机的维修和装配流程。应用现实增强技术的培训方式提高了新员工的学习效率，并且减少了因误操作可能造成的损害或安全事故。基于现实增强技术的装备装配与维修技术也是工程制造领域现实增强技术的主要应用方向之一。在一些危险的装配和维修工作中，缺乏经验的工人会因经验不足而使工作失败，甚至因此而受伤。借助现实增强技术，可以对工人进行实时指导，对一些危险操作提出警告，提高工作的安全性和效率。在波音公司的现实增强视觉拣选系统中，其利用现实增强技术辅助工人完成电力线缆的连接和接线器的装配过程。开发了一套辅助布线现实增强系统能够实时识别电缆电路信息，并引导工人在正确的线路上组装线缆或者连接线头，可以确保工人的工作效率和准确性，同时减少布线的错误和返工。

总体来看，波音公司的现实增强技术突破不仅提高了制造和维护飞机的效率，也为整个航空制造业提供了一个如何利用其提升生产力的示范案例。随着技术的不断发展和优化，未来在飞机制造和维护中应用现实增强技术的潜力将更加巨大，为航空业带来更多革命性的变化。

3.3.3 模拟训练与操作优化：壳牌公司 Operations Mastery 项目

壳牌公司的 Operations Mastery 项目将虚拟现实技术的应用提升到了新的水平，通过模拟云基础学习环境，培训操作员在高风险的工业环境中做出准确决策，革命性的培训方法不仅提高了操作安全性，也加快了员工对复杂情境的响应速度，尤其是在油气行业能力的提升对于确保生产安全和效率至关重要。

通过与 AVEVA 的合作，壳牌成功地将虚拟现实技术融入操作员的培训课程中并创建出能够模拟真实操作环境的场景，操作员可以在没有任何个人风险的情况下学习和掌握关键的操作技能。虚拟现实技术的培训方式在提高操作员在实际工作中的安全和可靠性方面取得了显著成效，壳牌公司所获"最佳健康、安全或环境贡献"奖项体现了这一点。

壳牌的创新不仅体现在操作员培训的质量提升上，也在于如何利用现代技术提高整个组织的健康、安全与环境标准。通过在全球范围内推广基于云的标准化培训课程，壳牌能够确保其全球员工都接受到一致的、高质量的培训。壳牌公司 Operations Mastery 项目不仅为壳牌带来了正面的行业认可，也为油气行业提供了一个如何有效利用工业元宇宙技术进行员工培训的范例。

3.3.4　工业元宇宙的中国案例：中国商飞

中国政府大力推动 5G 网络和 IoT 的发展与应用为工业元宇宙的发展提供了强有力的基础设施支持。5G 网络的普及和 IoT 技术的发展为企业提供了高速、大容量、低延迟的数据传输和处理能力，企业能够更高效地实现数据的收集、分析和应用。企业通过 5G 网络可以实现远程监控、智能控制、在线服务以提高操作效率和服务质量，IIoT 技术的应用则使得企业能够更精准地监控和管理生产过程，实现智能化生产和服务。中国商用飞机有限责任公司（以下简称

"商飞公司")的"5G + IIoT"智能生产解决方案是工业元宇宙在航空制造领域的一个典型案例,其中包含了一系列提升制造流程的效率和精度尖端技术,解决方案的核心是"5G + 射频 + VR + 工业互联网平台"的技术组合并以此创建了一个大数据驱动的生产管理系统。此系统不仅涵盖了生产的各个环节,而且还能对产品、设备、工装具、物流、人员和计量工具等关键生产要素进行实时监控和优化。

在生产要素的监控方面,商飞公司整合了 5G 网络的高速传输能力和射频识别技术的精准识别功能,实时追踪工厂内部的物流动态和设备状态。此外,工程师和操作工结合虚拟现实技术,在虚拟环境中模拟和分析生产流程,不仅提高了设计和规划的准确性,还大大提升了安全培训的效果。更为重要的是,商飞公司运用了"5G + 8K 超清视频 + 深度学习 + 互联网平台"的技术组合发展出了一套适用于大飞机制造的机器视觉系统,该系统能够进行高精度的复合材料无损检测和拼缝检测,对于保证飞机制造的安全性和可靠性至关重要。传统的复合材料检测流程耗时且依赖于人工,而商飞的机器视觉系统通过自动化和智能化大幅提高了检测的速度和准确性,将检测时间从几小时缩短到了几分钟。上述技术的应用带来了显著的经济效益,商飞的生产效率提升了 20% 以上,意味着在保证产品质量的前提下飞机的生产周期得以缩短。此外,运营成本的降低以及生产过程中零配件定位误差的减少进一步提高了整体生产的经济性和可靠性。零配件的定位误差缩小至 3 厘米以内，大大减少了装配缺陷提高了组装效率。通过精确技术的应用，商飞公司在保持生产效率的同时实现了对人力资源的节约，人员成本降低了 95%。商飞工业元宇宙实践案例不仅体现了工业元宇宙在高端制造业中的应用潜力，也展示了数字化转型如何为传统工业带来创新。商飞公司通过这一系列的技术革新，不仅提升了自身的竞争力也为航空制造业树立了新的标杆。随着工业元宇宙技术的深入应用和进一步发展，未来的航空制造将变得更加智能化、精确化和高效化。

111

3.4　决策建议与启示

3.4.1　机遇与挑战

工业元宇宙不再是简单的技术突破，更是在塑造社会经济活动结构以及个人日常生活的方方面面都开始发挥重要作用。于企业而言，工业元宇宙不仅意味着一个全新的技术平台，也代表着一个创新的业务生态，还包含了丰富的交互式体验和虚拟产品以及服务的无限可能。工业元宇宙将开启新的市场机会，促进跨行业合作，推动经济模式的变革并为企业提供丰富的增长潜力和竞争优势。但工业元宇宙时代的机遇同样伴随着挑战。企业在享受工业元宇宙带来的利益时，也需要不断研究和投资于新技术，建立健全的数据治理和隐私保护机制。市场的不确定性要求企业必须具备快速适应变化的能力以及对消费者行为变化的敏感洞察力。

从个人视角来看，工业元宇宙的出现正在重新定义人们的工作和生活方式，为远程工作、虚拟交流以及在线教育带来了前所未有的便利和效率。个人在工业元宇宙领域中可以找到如虚拟产品设计师、元宇宙空间规划师等全新的职业路径，同时也可以享受通过虚拟世界获得的全新社交体验和娱乐方式。然而，随之而来的是对个人技能的新要求以及对私密性、数据安全和个人健康的考量。因此，工业元宇宙的兴起既是一次历史性的机遇，也是一场对现有社会结构和生活方式的全面挑战。企业和个人如何在这一新兴领域中找到自己的位置，如何应对即将到来的变革，将是每个参与者都需要深思的问题。

3.4.1.1 新机遇

"后"工业 4.0 情境下，工业元宇宙远端协作、现实增强、虚拟现实等应用能降低显著 IIoT 的数据交换成本。异地研发人员可通过虚拟身份进入虚拟场景开展产品规划、设计等活动，产品设计以 3D 形式展示能有效解决产品试制周期长、工艺不稳定等问题。进一步，数字经济背景下的"工业元宇宙"作为基础应用，将促进工业企业、行业生态发生革命性改变，同时改变人的思维模式（李正海，2022），从而引领高端制造业基于元宇宙的协同机制实现虚实共生的制造过程。数字孪生系统可实现高沉浸感、全实时数据仿真的生产与控制过程，管理人员通过现实增强设备在现实或虚拟工厂完成监控、管理等工作，极大地提高了工作效率。随着 IIoT 与企业数据库的协同发展，工业元宇宙应用将进一步融合 IoT、5G、区块链等关键 IIoT 技术进而成为全球下一次产业与技术革命的核心驱动力。因此 IIoT 与工业元宇宙的协同发展机制具备重大理论和实际应用价值。工业元宇宙作为虚实融生的新一代互联网形态在改变用户数据的产生与控制机制的同时产生了新的用户信息安全、信任、隐私等问题。进一步，数字化与低碳化转型都是工业元宇宙的重要内涵，其观念价值在工业元宇宙发展中发挥重要作用，为此企业更应积极创设和输出观念价值并主动开创"双碳"管理新时代。

工业元宇宙的崛起正彻底改写商业模式的传统规则，其不仅是对现实世界的一种补充和扩展，更是一种创新平台。工业元宇宙平台上的企业可以通过高度精确的虚拟设计和仿真环境来预测和模拟实际操作的结果，大幅度降低了传统物理实验和产品开发过程中可能出现的高昂成本和不可预见风险。汽车制造商可以在工业元宇宙中进行车辆设计的模拟，优化性能并在投入生产前进行多次迭代，工业元宇宙技术的应用提高了效率，也减少了物理原型制作的资源消耗。此外，工业元宇宙还为企业提供了一个全新的市场空间，企业可以在这个虚拟环境中创造和销售数字化的产品和服务，虚拟的商品不受物理世界的限制，进而能够满足消费者日益增长的个性化需求。从数字服装到虚拟房产，工业元宇宙为企业打开了前所未有的收入来源。

在个人层面上，工业元宇宙的发展同样带来了翻天覆地的变化。远程工作的兴起在其中得到了进一步的推广，人们可以在这个虚拟空间中拥有更加灵活的工作环境。社交方式也得到了极大的拓展，个人不再受限于地理位置，而是可以在虚拟世界中与全球各地的人建立联系和交流。同时，工业元宇宙也为教育和专业技能培训提供了一个全新的舞台，通过沉浸式的学习体验，提高教育的效果和吸引力。对于艺术家、设计师、程序员等创意工作者来说，工业元宇宙则是一个展示和实现自我价值的全新领域。他们可以在这里创作出独一无二的虚拟作品，甚至通过 NFT 等手段实现作品的确权和交易，开启了职业发展的新篇章。

尽管如此，人们也必须认识到这一新兴领域所带来的挑战和风险。企业需要不断学习和适应这一变化中的技术生态，而个人则需要在保护隐私和个人数据安全的同时学会在数字世界和现实世界中找到平衡。工业元宇宙的未来充满了无限可能，但这也要求所有参与者具备前瞻性的思维和不断创新的能力。

3.4.1.2　新挑战

未来 IIoT 与元宇宙的协同发展，不仅要面对技术层面的挑战，还要考虑到社会、经济、法律等多方面的因素，人类社会将进入一个充满挑战但同时也充满机遇的数字化时代。只有通过合作和不断创新才能在确保安全的基础上充分发掘 IIoT 和元宇宙的潜力，推动社会进步和人类福祉的提高，因此，构建一个安全、可靠、可持续发展的 IIoT 和元宇宙生态系统将是当代人面临的重要任务之一。IIoT 的数据安全、设备可靠和系统稳定都是构建安全工业元宇宙的基石。未来的工业元宇宙将是现实与虚拟结合的生产和生活方式，不仅改变了人们的工作和生活模式，还可能成为推动经济发展的新动力。为应对上述挑战，相关研究机构和企业需要在技术上不断探索和突破，从网络安全技术到数据加密方法，再到智能监管系统的构建都需要投入大量的精力进行研究。与此同时也需要政府、企业和社会各界的共同努力，通过政策制定、技术推广、社会教育等多种手段来共同应对由此带来的挑战。

首先，企业必须在技术研发上持续投入，不仅包括资金的投入，还涉及对专业人才的需求以及与时俱进的创新能力。技术发展的快速变化要求企业必须在技术迭代中保持领先的战略眼光并拥有快速响应市场需求的能力。其次，数据安全和用户隐私的保护是工业元宇宙面临的一大挑战。在所有行为都可被数字追踪的环境下，如何确保个人数据的安全隐私，防止数据泄露滥用等都是企业亟须解决的问题。随着法律法规的日益完善，企业在安全隐私方面的责任也将越来越重。最后，市场的不确定性和消费者行为的不断变化也是企业需要面对的挑战。工业元宇宙的用户接受度、市场渗透率以及用户的长期参与度都将直接影响到企业的业务模式和盈利能力，如何在不断变化的市场中保持敏锐的洞察力，以及如何吸引并维持用户的关注和参与，需要企业在战略规划和市场营销上不断创新和调整。

对于个人而言，技术适应性也是一个不可小觑的挑战。新技术的接受和学习需要时间，而工业元宇宙的迅速发展可能会使得部分人群感到不适应甚至被边缘化。如何确保技术的普及性和包容性，让更多人受益于工业元宇宙的发展是社会共同面临的课题。隐私保护和信息过载也是个人需要关注的问题。在一个信息爆炸的时代，如何保护自己

的隐私，如何筛选和处理海量的信息，成为个人必须具备
的能力。此外，在虚拟与现实之间找到平衡，避免过度沉
迷或依赖虚拟世界，维护心理健康和社会联系，对每个用
户来说都是一项长期而持续的挑战。

3.4.2　政策与实践启示

政府的策略和政策制定推动工业元宇宙的进程中起着
关键作用。政府通过综合性的方法，包括投资研发、支持
创新中心和孵化器及制定有利政策环境来培育这一新兴领
域。工业元宇宙结合了现实增强、虚拟现实、3D 建模等技
术提供了一个全新的平台用于模拟、设计和优化工业流程。
为了充分发挥其潜力，政府的支持不仅局限于资金投入，
更包括建立相应的政策框架和创新生态系统。政府对研发
的投资是推动工业元宇宙创新的关键因素，投资通常以资
助研究项目、设立科研基金和建立与企业及学术机构的合
作伙伴关系的形式出现，旨在加速关键技术的研究与发展。
例如，政府可以资助开发更高效的虚拟现实界面和工具以
提升工业设计和生产效率。除此之外，政府还会注重应用
研究的资助以保证技术的实际应用和市场转化。研发支持
不仅推动了技术创新，还为工业元宇宙的未来应用奠定了
坚实的基础。

117

　　进一步，相关政府部门应通过建立创新中心和孵化器等机构，为工业元宇宙的商业化和产业化提供强有力的支持。创新中心和孵化器等机构不仅提供资金支持，还提供技术指导、业务咨询以及市场准入策略等多方面服务。创新中心和孵化器的存在使得初创企业和研究者能够将自身创意转化为具有市场潜力的产品和服务。因此，政府可以专门设立工业元宇宙创新中心，专注于支持工业元宇宙技术在工业制造、设计和维护领域的应用。创新中心作为技术和资金的聚集地，不仅推动了工业元宇宙的技术发展，也有助于相关产业的生态建设和人才培养。IIoT 和工业元宇宙的兴起引发了新一轮的数字革命，但同时也带来了安全上的新挑战。黑客攻击逐渐由民用网络领域转移到这些更为重要的基础设施上，给国家安全带来了前所未有的风险（Chen et al., 2021）。在此背景下，工业元宇宙可能会引发的社会结构性风险不容忽视（吕鹏，2022）。例如，随着工业元宇宙虚拟空间的不断扩张和深化，社会监管难度加大，可能滋生出违法行为，甚至违背公序良俗的行为（李晶，2022）。工业元宇宙的虚拟空间一旦与民用或办公网络相结合，安全、隐私和信任机制的缺失将直接影响到人民的生活质量、工业生产的安全性和国家的防御能力。因此，企业和政府急需对这一系列由 IIoT 和工业元宇宙带来的网络安全问题给予足够的关注，并采取相应的措施来应对。一方面，企业必须加强技术创新，构建更为安全的网络环境。例如，可以通过加强区块链技术在 IIoT 和工业元宇宙中的应用，来提升数据的透明度和不可篡改性。另一方面，政府需要通过制定相关的数据安全、知识产权保护和用户隐私等法规，为工业元宇宙的健康发展提供必要的法律框架。法规的制定不仅保护了企业和用户的利益，也为技术的正当使用和商业行为提供了指导。此外，政府还应积极参与国际合作，通过制定和推广全球性的元宇宙标准，推动跨国界技术标准和应用规范的统一。国际合作不仅有利于技术的全球化发展，也有助于构建一个更加开放和互联的工业元宇宙环境。

在实践层面上，工业 4.0 到工业 4.5 的推进揭示了技术和产业结构的根本变革。工业 4.0 阶段的核心在于生产过程的自动化，通过数字化和网络化提高效率和灵活性，实时数据分析优化生产线或者使用机器学习算法来预测设备维护。工业 4.0 的创新不仅加速了生产周期，还提高了产品质量和定制化水平。然而，技术的快速发展引领了当前工业 4.0 向工业 4.5 的过渡，在工业 4.5 新阶段，IIoT、虚拟现实和增强现实等技术的融合成为关键。工业 4.5 还为工业元宇宙的概念奠定了基础。在工业 4.5 阶段，虚拟现实和现实增强技术的应用变得日益重要。虚拟现实和现实增强技术的运用使得在虚拟环境中的设计、模拟和测试成为可能，极大地缩短了产品从设计到市场的时间，同时也为远程协作和培训提供了新的可能性。

总的来说，工业 4.5 作为 IIoT 和工业元宇宙的融合，标志着制造业进入了一个新的发展阶段，代表了工业生产方式的重大转变，工业 4.5 不仅强调技术的先进性和集成性，更着眼于构建更加智能、高效和可持续的工业生态系统，同时预示着生产和运营管理的全新模式。对于企业而言，理解并适应这一变革将是未来成功的关键。工业 4.5 也是全球经济发展的一个重要趋势，对提高生产效率、促进可持续发展以及创造新的商业机会具有重要意义。

第 4 章 全球可持续发展目标 (SDGs) 下的工业 5.0 远景

4.1 工业 5.0 概述

2021 年 4 月，欧盟公布了《工业 5.0：迈向可持续、以人为本和富有弹性的欧洲工业》(*Industry 5.0：Towards a Sustainable, Human-centric and Resilient European Industry*) 报告以此确定了其"工业 5.0"的基本理念。报告中对"工业 5.0"的界定是：工业 5.0 认识到工业韧性的力量，通过使生产尊重地球的边界，将工人的福祉置于生产过程的中心，进而实现就业和增长以外的社会目标并成为富有弹性的繁荣提供者。欧盟委员会 (European Commission) 提出工业 5.0 的三个核心要素，分别是以人为中心 (humancentric)、可持续 (sustainability) 和韧性 (resilience)。

国内外部分关注欧盟工业 5.0 的学者将其解读为德国工业 4.0 升级版，他们认为工业 5.0 是将工业 4.0 中所强调的效率导向引向价值导向并命名为"以人为中心的智能制造"（以下简称"人本智造"）。工业 5.0 的核心在于将工人的福祉置于制造过程的中心，使生产尊重我们星球的边界和人机之间的和谐共生，以实现超越就业和经济增长以外的社会目标，并进一步实现超级智能社会和生态价值的可持续发展目标，为世界工业共同体稳健且有弹性的繁荣赋能（Leng et al.，2023）。与以自动化为主要特征的工业 4.0 不同的是，工业 5.0 模式的优势在于使定制化更具潜力，也更容易诞生全新的经济模式，并使工作更具创造性、长期性、高价值。尤其是以系统自治为中心的工业 4.0 也产生了很多新的问题。例如，工业机器人的广泛应用将劳动者排除在岗位之外，人工智能的应用使人类智能无法发挥在处理动态性、不确定性和平衡长短期目标方面的优势造成了工业 4.0 在创造就业机会、抵御供应链产业链冲击、应对生态危机等方面的能力不足（李高勇和刘露，2023）。因此，为了推进工业繁荣惠及劳动者，避免经济发展以牺牲环境可持续性为代价，发展以人为中心的、人类智慧驱动的、以"人—信息—物理"系统为基础的、实现绿色环保可持续发展同时又兼具韧性的工业 5.0 体系成为一种必然选择（见图 4-1）。

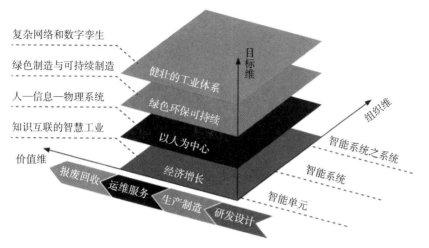

图 4 - 1　工业 5.0 三维体系框架

资料来源：庄存波等，2022.

　　如图 4 - 2 所示给出了从工业 1.0 到工业 5.0 的工业革命发展历程，其复杂性不断提升。

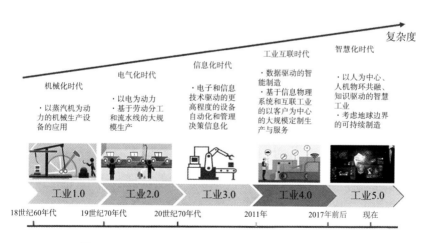

图 4 - 2　工业 1.0 到工业 5.0 的工业革命发展历程

资料来源：庄存波等，2022.

进一步，国内学者王灏晨（2021）、黄嫚丽（2023）和蒋周明矩等（2023）提出工业 5.0 是价值驱动的，其中包含了可持续性、以人为本、工业韧性三个核心理念。首先，可持续性已经是工业 4.0 的一个重要主题，在工业 5.0 的背景下，可持续领域的重要性继续增加。为了实现这一目标，欧盟内部的工业生产是在影响日益深远的法律框架内进行的。毕竟，"绿色新政"是欧盟对许多工业部门、能源密集型行业仍然产生过多温室气体排放这一事实的回应。欧盟出台了更严格的法规，最早将于 2030 年生效，以使工业行业更加环保，并实现最迟到 2050 年实现碳中和的气候目标。尽管在降低能源消耗方面取得了很大进展，但在可持续性发展上仍有许多工作要做。工业 5.0 还旨在为资源消费找到解决方案。例如，在循环经济方面，欧盟立法已经在这方面确定了提高二次原材料（即回收商品）的质量和百分比的方向。仅靠技术方法不足以实现这一目标。为了优化回收周期，材料和产品的设计必须更加注重高效回收。其次，工业 4.0 和工业 5.0 之间最重要的区别是生产过程中人与机器之间的关系。工业 5.0 更像构建了一种欧洲工业与新兴社会趋势和需求共存的方式，尝试把公认的机器人技术优势与人类先进的批判性思考等认知能力相结合。其技术分析模型中强调以人为本，突出人的地位，进一步提高社会福祉。关于上述困境——即由于先进的自动化和数字化而变得过时的工作，解决这个问题的常见方法是使员工的技能适应不断发展的技术需求。继续教育和培训应该提供必要的知识和技能。然而，工业 5.0 采取了不同的方法，更侧重于使用技术来补充人类工作。由地平线 2020 年研究和创新计划资助的项目 "Factory2Fit" 展示了实施这种范式转变的一种方法。该项目的目的是为灵活和适应性强的工作环境找到适合工人与机器的解决方案，在这种环境中，可以激励具有各种技能和兴趣的制造工人完成他们的工作。该项目的结果表明，加强工人可以产生积极影响——无论是对生产力还是对他们的福祉。新技术使得欧盟强力推进的工业 5.0 转型对于大多数制造商来说，并不是简单的 "机器换人"，而是提倡将工人重新引入制造业循环，同时增加了他们与智能机器的协作，从而构建具有富有韧性的产业链供应链。在关键价值链面临的环境发生变化时，这种新关系使得产业需具备快速适应的能力。最后，供应链及工业韧性也是工业 5.0 的核心要素，新冠病毒大流行表明了全球供应链的脆弱性，作为回应，欧盟委员会设立了 "恢复和复原基金"，支持欧盟成员的工业化改革、绿色可持续发展、数字化转型和社会责任的投资。行业本身也有许多工具来应对甚至预测颠覆。通过大数据和复杂的数据分析方法，可以实时评估潜在风险。

工业 5.0 发展情景下个性化的人机交互、以生物为灵感的技术、智能材料和模拟、数据传输、存储和分析技术、人工智能等前沿科技开始扮演更为关键的角色，工业 5.0 技术的发展和应用不仅代表了工业技术的最新进展，也为工业生产提供了更高效、更灵活、更智能的解决方案。企业通过工业 5.0 先进技术应用能够提高生产效率，优化资源配置并增强产品和服务的创新能力，最终推动整个工业领域的转型升级和可持续发展。工业 5.0 智能决策和优化技术正在彻底改变制造业的运作方式，其中实时数据分析和高级模拟的应用为企业提供了前所未有的业务洞察，使得决策过程更加精准和高效。首先，实时数据分析利用从生产线、市场和供应链等各方面收集的大量数据帮助企业实时监控运营状况并基于数据做出快速反应。通过分析生产数据，企业可以即时识别出效率低下的环节从而迅速采取措施进行调整，实时数据分析在市场层面可以帮助企业洞察市场趋势和消费者行为从而更快地适应市场变化，优化产品组合和定价策略。其次，高级模拟在资源优化方面的作用尤为显著，通过建立复杂的计算模型企业可以在虚拟环境中模拟各种生产和运营方案以此预测不同决策的结果和影响。模拟不仅包括生产过程，还包括产品设计、市场策略和供应链管理。在产品设计阶段，高级模拟可以预测产品在不同使用条件下的性能帮助设计师优化设计方案。在产品生产阶段，高级模拟可以帮助企业优化生产流程并减少能源消耗和原材料浪费。最后，高级模拟也可以帮助企业预测供应链中的潜在风险并优化库存管理和物流规划。总体来看，智能决策和优化技术在工业 5.0 时代为企业带来了巨大的优势，不仅提高了决策的精准度和效率，还使企业能够更好地管理资源并提高运营效率。随着工业 5.0 技术的不断发展和应用的深入，制造业将迎接更体现人文关怀的新时代。

与此同时，联合国制定《2030 年议程》及其核心内容"可持续发展目标"（Sustainable Development Goals，SDGs）旨在通过社会、经济和环境的协同发展促进全球可持续发展，其中包含消除极端贫困、饥饿，确保健康和优质教育，实现性别平等以及确保可持续的水源和能源等内容（Xu et al.，2020；Chen et al.，2024a）。一方面，SDGs 强调了数字技术对绿色可持续发展的潜在作用（Sachs et al.，2019；Zhu et al.，2019），且基于社会与环境的数字技术更能助力实现 SDGs，因此企业数字化转型开始成为实现其 SDGs 的必要条件（Vinuesa et al.，2020；Chen et al.，2023）。另一方面，SDGs 更为强调社会与环境的协同发展，因此许多 SDGs 绩效可能相互关联或偏离（Mans et al.，2016；Xu et al.，2020；Nash et al.，2020），因此一些学者认为数字化转型对 SDGs 的影响机制尚未清晰（Beier et al.，2020；Del Rio et al.，2021；Fukuda & Mcneill，

2019），尤其对于社会和环境可持续发展方面存在争议（Scholz et al.，2018；Akande et al.，2019），昆茨曼等（Kuntsman et al.，2019）提出"不可持续的数字化可持续发展（unsustainable digital sustainability）"。SDGs 凸显了促进经济增长和人文关怀的同等重要性并采取积极行动应对全球气候变化以及保护自然生态系统，不仅关注环境的可持续性，还涉及经济社会的包容性与可持续性，SDGs 旨在开创一个更为和谐、繁荣的绿色经济社会。一方面，工业5.0 强调的以人为本与可持续发展的新价值观，不仅追求技术和效率的提升，更是将人的创造性、个性化需求和可持续性放在中心位置（王灏晨，2021；黄嫚丽，2023；蒋周明矩等，2023），与 SDGs 所倡导的社会包容性和环境可持续性有着深刻的共鸣。另一方面，智能自动化和人机协同在工业 5.0 的框架下可以更高效地利用资源，减少环境影响的同时提升工作效率和生活水平。因此，SDGs 与工业5.0 的融合发展能够在推动数字经济增长的同时确保社会福祉和环境可持续性，进而实现全球经济可持续发展的远景。工业 5.0 远景下的以人为本的核心价值得到了前所未有的重视，且与之前的工业革命不同，工业 5.0 更强调的是人的作用和价值而非仅专注于技术进步和效率提升，意味着在未来的制造过程中，人的创造力、决策能力和价值观将成为关键因素，而技术将更多地服务于提升人的工作体验和生活质量。

4.1.1　可持续性

随着欧洲《绿色新政》的提出，以及非可再生能源的逐步减少和全球变暖导致极端天气现象频发等情况，考虑环境和能源的可持续制造和绿色制造成为工业发展过程中必须重视的一个维度（庄存波等，2022）。工业 5.0 可持续性概念意味着减少能源消耗和碳排放，避免自然资源的枯竭；利用人工智能和增材制造等新技术减少生产过程中的浪费及对环境的破坏；促进对能源、资源的循环利用即重新利用和回收自然资源发展循环经济（王毅和童叶，2023）。循环经济模式转型是工业 5.0 时代的一个核心议题，循环经济模式突破了传统的"取用—制造—废弃"模式转而采用更加可持续和高效的资源管理方式。循环经济的转变对于减少原材料依赖、降低生产过程中废物产生以及减轻环境影响至关重要，而智能制造和数字化流程在实现循环经济的转变中发挥着至关重要的作用。一方面，IoT、AI 和机器学习等智能制造技术使企业以前所未有的精准度跟踪和分析资源使用情况，IoT 设备收集的数据可以帮助企业监测能源消耗、原材料使用量以及生产效率进而识别浪费的环节并采取措施予以改进。另一方面，数字化流

129

程促进了更有效的资源回收和再利用，企业使用高级数据分析可以预测材料在生产过程中的剩余并提前规划、回收和再利用材料。数字化流程不仅提高了原材料的使用效率，而且减少了新原材料需求进而降低了生产对环境的影响。进一步，工业 5.0 时代的循环经济模式意味着对整个生产和供应链的重新考量，供应链成为一个非线性的闭环系统，其中每个环节都与其他环节相互依赖，共同工作以最大化资源的利用率。供应链在工业 5.0 中的变化则要求企业在自己的生产过程中实现资源的高效利用的同时还需要与供应商、分销商甚至消费者合作以确保整个链条上的资源得到最佳的利用和循环。

对自然资源的依赖性也是工业 5.0 时代的一个关键议题，工业 5.0 不仅强调技术创新，更将技术创新建立在可持续发展的基础之上。其中，清洁、高效和环保的可再生能源发展目标就显得尤为重要，因此太阳能、风能和水能等可再生能源在工业 5.0 中扮演了重要角色。可再生能源的广泛应用有利于减少对化石燃料的依赖，进而减少温室气体排放，对抗全球气候变化。与传统能源相比，可再生能源提供了一种更清洁环保的选择并有助于建立一个可持续发展的工业生态系统。工业 5.0 可持续性理念还鼓励开发和采用更高效的能源利用技术，能源管理系统能够更有效地监控和调节能源消耗，能源回收技术能够捕获和回收能量以提高能源效率。上述技术不仅提高了能源的利用效率，还有助于降低整体的能源成本。进一步，工业 5.0 时代能源的可持续管理开始成为企业竞争力的一个重要组成部分，企业通过采用可再生能源和高效能源技术不仅能够减少对环境的影响，还能够提高自身的市场竞争力。除了传统能源密集型行业外，工业 5.0 更关注新兴产业的可持续性发展，信息通信网络运营商使用的电力能源可能随着数字化应用的普及而大幅增长。据预测，全球数据中心等基础设施的电力需求将在 21 世纪 20 年代起以较快速度增长，通过评估全生命周期能源成本，信息通信行业可以更换高效低耗产品来降低生产体系总体能耗（王灏晨，2021）。对可持续能源的重视反映了一个更广泛的趋势，即全球范围内的企业和政府都在积极寻求减少碳足迹和促进环境保护的新方法。

进一步，工业 5.0 时代将数字技术创新视为实现可持续发展的关键手段，工业 5.0 技术创新是重要的转变点，涵盖了利用大数据、AI、IoT 等工具来优化生产过程，减少能源和材料的浪费的同时提高整体效率。企业通过工业 5.0 技术创新可以更准确地预测和满足市场需求从而减少过度生产和库存积压。大数据分析能够更好地理解消费者行为和市场趋势调整其生产计划以减少浪费。人工智能和机器学习可以用于优化生产线，自动调整生产过程以减少资源消耗。IoT 技术则使设备能够实时监控和相互通信并提供有关生产效率和资源使用的实时数据，企业能够及时识别和解决效率低下的问题进而减少能源消耗和材料浪费，理解其对环境的影响并做出更可持续的决策。基于工业 5.0 技术创新，企业不仅能够实现智能化的资源管理，还能提高生产效率并减少对环境的负面影响。总体而言，工业 5.0 技术应用全面提升了企业的经济效益，有助于实现其更广泛的社会和环境目标，因此工业 5.0 时代的转变不仅是技术上的进步，更是向可持续发展目标迈出的重要一步。

4.1.2　以人为本

工业 5.0 反映的是当前在全球化世界中过于狭隘的"逐利性"无法正确地平衡环境和社会成本及利益的问题和现状。工业在未来应该要成为"真正的繁荣"的提供者，其中必须包含对环境和社会的考虑（陈腾瀚，2022）。工业 5.0 通过使生产尊重地球的边界，以及人、机、物、环在知识层面的交互协同与融合将工业劳动者及其利益置于生产过程的核心，从而实现包括经济增长之外的多种社会目标，稳健可持续地提供繁荣的一种工业生产模式（庄存波等，2022）。因此在工业 5.0 理念中的以人为本观念占据了核心地位，其关键在于打破传统工业时代"蓝领"与"白领"

工人之间的界限推动一种新的工业文化。不同类型的产业工人都享有平等的尊重和权利，也就是说工业 5.0 不仅要考虑人机协同的问题更要考虑人作为劳动者的劳动需求层次以及跨空间的组织调适和转型问题（黄嫚丽，2023）。上述转变反映了对工人角色的重新认识，工业 5.0 以人为本理念不再将工人仅视为生产线上的一部分，而是作为整个工业系统中不可或缺的创新者和决策者。工业 5.0 以人为本的理念要求企业在追求数字化和智能化进步的同时对工人的需求和福利给予高度关注，不仅体现在为工人提供安全、健康的工作环境上，还体现在保障公正薪酬和平等职业发展机会上。企业需采取措施降低工作压力以维持工人的工作生活平衡，提供灵活的工作安排以及确保工作与私生活之间的适当界限。此外，数字化高度发展的环境中保护工人的隐私权和自主权变得尤为重要，企业需确保在收集和使用工人数据时遵守隐私保护的法律法规并在技术的应用过程中使工人能够对自己的数据和工作方式拥有一定的控制权。工业 5.0 实践中的企业在引入新技术和优化工作流程时必须重视技术对工人的直接影响，被视为减少劳动力的成本自动化和人工智能等技术应更多地被视为提高工人工作效率和质量的工具。工人可以从繁重重复的体力劳动中解放出来将精力转移到更有创造性、更具战略意义的工作上，提高了生产效率的同时为工人提供更多职业发展机会和更高质量的工作环境。同样地，企业需要确保工人能够适应新技术，通过提供培训和教育帮助工人掌握必要的技能以便在新的工作环境中发挥作用，即技术创新与人力资源发展相结合，共同推动企业的持续增长和进步。

同样地，工业 5.0 以人为本的核心理念也同样适用于消费者，在很多消费产品、电子类产品高度同质化的当下，定制化、个性化乃至独一无二的工业制成品将成为彰显个性及具有突出竞争力的产品（Elfar et al.，2020）。在工业 5.0 的概念中，通过人工智能、机器学习形成用户画像，预判需求以虚拟现实技术让消费者体验产品，最终由高度韧性的生产线和高技能工人结合，从而制造出满足消费者需求的个性化产品。工业 5.0 中的以人为本理念代表了工业生产环境的深刻变革，强调在追求技术进步和效率提升的同时重视工人的权利和福祉。以人为本理念不仅推动了更平衡的发展方式，也有助于塑造一个更公平、更人性化的工作环境，在以人为本的理念指导下，企业不再单纯追求经济利益最大化，而是在保障工人利益、提高工作环境质量的基础上实现可持续发展。以人为本理念不仅有利于工人的个人成长和福利提升，更有助于构建一个更加和谐、高效的工业生态系统，最终实现社会、经济和环境的可持续发展。

4.1.3　工业韧性

据欧盟、美国和日本相关发展战略规划，工业 5.0 并非工业 4.0 的延续，而是要求在开展工业 4.0 的过程中，企业要扮演促进社会和经济繁荣的引擎角色并更加注重人的价值从而保持韧性（刘杰和王栋梁，2023）。首先，企业通过低延迟通信技术、远程控制技术、实时风险控制技术及人工智能风险判断等技术，提高生产韧性、增加控制冗余、评估生产体系风险点并进行规避以建立意外情况处置预案，降低外部冲击带来的影响（Özdemir & Hekim，2018）。尤其在面对如新冠疫情等全球性危机，工业 5.0 情境下的工业韧性强调了危机适应性，指向产业如何调整以维持运营，要求企业在面对突发事件时能够迅速调整生产和供应链策略以确保业务的连续性和灵活性。所以，危机适应性是工业韧性的关键组成部分，能够帮助企业在动态和不确定环境中保持韧性和竞争力。企业于工业 5.0 框架下构建能够在危机中保持运转的战略价值链，增强自身危机适应性，涉及多元化供应商策略和本地化生产实施。多元化供应商策略通过减少对单一供应商的依赖降低了供应链中断的风险，本地化生产策略则能够通过减少对远程供应链的依赖提高对当地市场动态的响应速度和灵活性。两种危机策略共同提高了企业在面对如新冠疫情等全球危机时的适应能力的同时企业自身的工业韧性确保了生产和供应的稳定性。其次，工业 5.0 时代业务流程的灵活性对于保持危机期间的业务连续性至关重要，包括但不限于实施远程工作安排和加强数字化服务。远程工作的实施不仅帮助企业在如新冠疫情这样的危机中维持运营，还减少了对物理办公空间的依赖，提高了员工的工作灵活性。通过策略的制定，企业能够更好地适应外部环境的变化确保在各种挑战面前保持业务的稳定和连续性。同样地，灵活的生产能力也是确保企业工业韧性和持续成功的关键因素，尤其在面对市场变化、客户需求多样化以及潜在的供应链中断时显得尤为重要。技术创新在此方面扮演着核心角色，通过实施如人工智能、IoT、机器学习和自动化等先进技术，企业能够实现更快速、更高效的生产流程使得生产线能够灵活调整以适应不断变化的市场需求的同时最大化资源效率和减少浪费。最后，优化工作流程也是提高工业韧性的关键，企业采用精益求精的生产方法和敏捷制造策略可以使企业更灵活地应对变化，加快产品上市时间并提高对客户需求的响应速度，核心在于持续的过程改进和对市场动态的快速反应。工业韧性不仅涉及工作流程的管理，也包括对员工福利和工作方式的调整，如实施远程工作和灵活的工作安排以及加强对员工健康和安全的关注。需要

136

注意的是，国家也在加强相关工作布局，比如 2021 年 7 月中央政治局会议提出，要强化产业链供应链韧性（马一德，2021）；国家主席习近平在北京以视频方式出席二十国集团领导人第十六次峰会第一阶段会议时指出，要维护产业链供应链安全稳定，畅通世界经济运行脉络，并倡议举办产业链供应链韧性与稳定国际论坛[①]。

4.2　工业 5.0 对可持续商业实践的影响

4.2.1　提高资源利用效率

现代经济体系中对资源的高效利用是提高企业竞争力和实现可持续发展的重要前提，大数据分析、人工智能和云计算等工业 5.0 的前沿科技已成为推动资源高效利用的重要工具。工业 5.0 的前沿科技不仅能够助力企业实现对资源使用的实时监控和精准管理，还能通过数据分析和智能优化帮助企业发现和解决资源浪费的问题，进而实现生产流程的优化和生产成本的降低。首先，大数据分析技术

---

① 习近平出席二十国集团领导人第十六次峰会第一阶段会议并发表重要讲话［N］.
人民日报，2021 - 10 - 31（001）.

通过对企业在生产和运营过程中产生的海量数据进行深度挖掘和分析为企业提供对资源使用的洞察和优化建议。通过分析生产数据，企业能够发现可能存在的资源浪费问题，如原材料的过度使用、能源的不合理消耗等，并通过数据分析结果对生产流程进行优化从而实现资源的节约和高效利用。其次，人工智能技术通过机器学习和深度学习等先进算法可以实现对生产过程的智能监控和优化，通过应用人工智能算法，企业能够实现对生产设备的实时监控和故障预警，及时发现和处理设备故障，避免资源的浪费和生产损失。最后，工业 5.0 云计算技术为企业提供了强大的数据处理和存储能力使得企业能够实现对生产和运营数据的实时收集和分析。企业对于云平台的使用能够实现对多个生产基地和供应链节点的集中管理和协调，优化资源配置的同时提高生产和供应链的效率。

工业 5.0 提高了资源利用与生产效率，还催生了新的商业模式和就业机会，对全球经济具有深远的影响。工业 5.0 技术的进步不仅加快了生产速度，还提高了产品质量和生产过程的灵活性。通过实时数据分析和机器学习，企业能够更准确地预测市场需求及时调整生产计划从而降低库存成本并快速响应市场变化。因此，工业 5.0 促进了基于数据驱动的定制化生产和服务新商业模式的出现，新商业模式为企业提供了更多增值服务的机会，同时也为消费者提供了更多个性化的产品和服务。虽然工业 5.0 可能导致某些传统岗位的减少，但也创造了大量新的工作机会，新岗位需要更高的技术技能，如数据分析、系统设计和维护等从而促进了劳动力市场的升级和转型。工业 5.0 还可能改变全球供应链管理和贸易的格局，生产过程的智能化和自动化，企业对供应链的控制和透明度要求越来越高促使供应链管理向更加智能和灵活的方向发展，企业实时追踪和分析供应链数据可以更有效地管理库存和物流并减少供应链中断的风险。进一步，工业 5.0 促进了全球贸易的数字化和去中心化。在数字技术普及的当下，越来越多的交易和合作可以在线上进行减少了对传统物理基础设施的依赖，降低了贸易成本，也提高了贸易的效率和灵活性。

4.2.2　推动绿色创新与发展

推动绿色创新是企业实现可持续发展和响应社会责任的重要途径，数字技术的不断发展和普及使得企业在绿色创新方面得到了前所未有的机遇。工业 5.0 的发展不仅可以帮助企业提高资源利用效率并降低环境污染，还能通过开发环保和节能的产品和服务，推动绿色消费促进社会的可持续发展。首先，工业 5.0 技术为绿色产品和服务的研发提供了强大的支持，通过应用大数据分析和人工智能技术，企业能够更准确地了解市场对绿色产品和服务的需求为产品设计和服务创新提供数据支持。同时，工业 5.0 也可以帮助企业在产品设计和生产过程中实现资源的高效利用和环保要求的落实，工业 5.0 技术的模拟和优化降低产品设计和生产过程中的资源消耗和环境影响。其次，工业 5.0 技术为绿色创新提供了新的合作和交流平台，企业能够在各类数字平台上与供应商、合作伙伴以及研究机构实现知识的交流和合作共同推动绿色创新的实现，进一步，企业可以在云计算和大数据平台共享研发数据和环保技术加速绿色产品和服务的研发和推广。再次，工业 5.0 技术为推动绿色消费提供了新的途径，企业能够向消费者传递绿色产品和服务的价值和意义，推动消费者的绿色消费意识和行为。通过数字营销和社交媒体，企业可以大范围推广绿色产品的优势和环保理念，吸引更多的消费者参与到绿色消费中来。最后，工业 5.0 技术为监管和评估绿色创新提供了新的工具，通过应用区块链和大数据技术企业和社会能够实现对绿色产品和服务的实时监控和评估进而确保绿色创新的质量和效果。通过采用工业 5.0 技术，企业可以加强资源循环利用，发展绿色制造业，减少对环境的污染，实现可持续发展。

4.2.3　优化供应链生态

工业 5.0 时代的一个关键特征是促进了跨行业合作和生态系统的构建，在新的工业 5.0 工业框架下，不同行业的企业通过共享数据和资源，有机会共同开发新的产品和服务以创造出前所未有的价值。跨行业的协作模式利用了各自领域的专长和资源使得参与方能够共同解决复杂的问题并加快创新的步伐，汽车制造商可以与软件公司合作共同开发智能驾驶系统；机械制造企业可以与 IoT 服务提供商合作共同开发智能化的生产设备。跨行业的协作模式不仅推动了新产品和服务的开发，还促进了技术和知识的交流加速了各行业的技术进步。工业 5.0 的生态系统构建还有助于实现资源的优化配置和可持续发展，企业不再是独立运作的单元，而是成为一个互联互通的网络的一部分进而使得资源和信息可以在网络中高效流动最终优化整个系统的性能。通过共享市场数据和供应链信息，企业可以更有效地预测市场需求并优化生产计划进而减少资源浪费。同时，生态系统中的企业可以共同开发和利用如再生能源和循环材料等可持续技术，共同推动行业的绿色转型。

工业 5.0 的推进在优化供应链和促进环境保护方面发

挥着关键作用，通过整合来自全球供应链的数据，企业能够更有效地进行资源规划和管理，大大减少物流过程中的能源消耗和碳排放。供应链优化不仅体现在更高效的物流路线规划上，也体现在选择更环保的运输方式和材料上，企业可以选择低碳排放的运输方式或者使用可再生材料进行包装以减少整个物流过程的环境影响。工业 5.0 促进了对供应链中每个环节的深入了解从而能够识别和实施更多节能减排的措施，通过对供应商进行环保评估和选择，企业可以确保其供应链，不仅在经济上高效而且在环境保护方面负责任。工业 5.0 为环境保护和可持续发展的目标实现提供了强大的技术支持，利用人工智能和大数据分析，企业能够对大量复杂的环境数据进行处理和分析从而更好地理解和管理自己对环境的影响。企业可以使用这些技术来优化能源使用，减少废物产生以及提高原材料的利用率。工业 5.0 还鼓励企业采用循环经济的模式，通过回收和再利用废弃物将废料转化为新的资源，不仅有助于减少环境污染还能带来经济效益。工业 5.0 对可持续发展的贡献不仅体现在生产效率和资源节约上，还在于其对整个制造业生态系统的影响。通过引入先进的 IoT 技术和数据分析工具，工业 5.0 实现了对整个生产过程的精确控制和优化使得可持续发展的理念深入到制造业的各个层面。工业 5.0 的实施使企业能够更有效地监控和管理能源使用，实时数据监控系统可以帮助识别能源使用的低效率之处并提供改进的方案。通过分析生产设备的能源消耗模式，企业能够找出节能的机会进而优化机器运行时间和减少空载运行。进一步，工业 5.0 精准的数据分析有助于优化原材料的采购和使用减少浪费，企业实时追踪材料使用情况，可以确保原材料得到最有效的使用以此减少过度采购和存储造成的浪费。此外，工业 5.0 推动了对生产过程中环境影响的重新思考，企业可以通过更智能的生产方式减少废弃物的产生和排放减轻对环境的压力，如使用更高效的生产技术和循环利用材料显著减少生产过程中的废弃物和排放。工业 5.0 还促进了绿色供应链的发展，鼓励企业优先选择环境友好的供应商和原材料，降低整个生产过程的环境影响的同时促进了整个供应链的可持续发展。

4.3　工业 5.0 案例分析

4.3.1　Nvidia：可持续制造的推动者

自 1993 年成立以来，全球知名图形处理器和硬件制造商 Nvidia 一直致力于图形处理、人工智能和深度学习领域创新并不断推动这些技术的发展边界。Nvidia 以其强大的图形处理单元即 GPU 闻名，虽然 GPU 最初是为电脑游戏设计的，但随后却在更广泛的领域显示出了巨大潜力，尤其是在加速计算机视觉、机器学习和其他复杂的计算任务中。Nvidia 的 GPU 已经成为现代高性能计算的基石，支持从科学研究到工业设计的各种应用，而人工智能和深度学习的兴起，Nvidia 的 GPU 也逐步在这些领域必要的计算能力方面发挥着关键作用。Nvidia 的技术不仅被用于推动创新和突破，对于应对当前世界面临的一些最紧迫的如气候变化、健康护理和自动驾驶汽车等挑战都显示出巨大的潜力。Nvidia 通过其深度学习和人工智能技术为这些挑战提供了新的解决方案从而不断扩展其影响力，远远超出了其最初的图形处理领域。如今，Nvidia 正处于技术革新的前沿，其产品和服务在全球范围内被广泛应用于各种行业和领域继续推动着技术界的前进步伐。Nvidia 在工业 5.0 的领域中在人工智能培训硬件和软件方面确立了其领先地位，不仅是因为其在人工智能领域的硬件优势，更是由于对于工业 5.0 理念的拥抱和推动。工业 5.0 的其中一个核心在于将数字技术与以人为本的思维相结合，推动工业的技术进步的同时也强调人类福祉和可持续发展。Nvidia 通过创新的人工智能技术为这一理念提供了坚实的技术基础，GPU 和人工智能平台正在工业领域中找到新的应用，例如，在智能制造、机器人技术和高级数据分析中，Nvidia 的技术不仅加速了生产流程还提高了效率和安全性，同时也支持了更为可持续和环境友好的制造方法。上述进展正是工业 5.0 愿景的体现，即利用高级技术以人为本地提高生产效率和质量。此外，Nvidia 在培养提高工程师和技术人员在人工智能和机器学习方面的能力上也做出了贡献，对于实现工业 5.0 的目标至关重要。通过上述努力，Nvidia 在技术层面推动了工业 5.0 发展的同时也在社会和环境层面做出了贡献，此举措体现了工业 5.0 的全面价值观。

Nvidia 投资创建的 CUDA 深度神经网络（CUDA Deep Neural Network library，cuDNN）软件库标志着其在深度学习领域的重大突破。cuDNN 是一个专为人工智能深度学习而设计的库，利用 Nvidia 的 GPU 强大计算能力来执行高效能、大规模人工智能训练和运算，cuDNN 提供了高度优化的例程和函数，加速了深度神经网络的训练和推理过程使得研究人员和开发者能够更快速地开发和部署人工智能模型。cuDNN 的存在极大地推进了深度学习的边界从而将之前难以解决的问题变得可行，如图像和语音识别、自然语言处理等。此外，cuDNN 的开发不仅加速了人工智能应用的研发，还提升了这些应用的性能和效率使得 Nvidia 的 GPU 成为执行这些任务的首选。cuDNN 的快速进展不仅对科研和技术创新产生了深远影响也在自动驾驶车辆、医疗诊断和在线服务的实际应用中展现了其巨大价值。cuDNN因其高效和易用性在工业界和学术界都获得了广泛的认可和应用进一步巩固了 Nvidia 在人工智能领域的领导地位。机器视觉解决方案在工业 5.0 的背景下正变得越来越重要，很多都依赖于 Nvidia 的 GPU 和其他硬件组件。机器视觉解决方案通过运用机器学习和人工智能算法极大地提高了自动化、检测和分析等过程的效率和准确性，而 Nvidia 的 GPU 特别适合于处理大量的图像和视频数据使得机器视觉系统能够实时识别、分析和做出决策，上述技术在制造业中被用于质量控制、缺陷检测和生产线监控。此外，机器视觉也在物流、运输和医疗等多个行业中发挥着重要作用，随着人工智能算法的进步，变得更加智能的系统能够更好地理解和解释复杂的视觉信息从而提高自动化系统的灵活性和适应性。Nvidia 在这个领域的技术创新不仅提高了工业自动化的能力，也为实现更安全、高效和可持续的生产环境奠定了基础。

Nvidia 的技术在推动企业向更高效智能的生产方式转变方面起到了关键作用。Nvidia 提供的先进人工智能和机器学习工具不仅加快了制造业的数字化转型，而且为企业创新提供了有力的支持，使工厂能够更有效地处理数据，优化生产流程，并在生产过程中实施智能决策。Nvidia 的解决方案还帮助企业提高了能源效率，减少了废物排放从而接近了可持续发展的目标。通过提高工作效率和安全性，Nvidia 的技术还改善了工人的工作环境和福祉，不仅优化先进技术的供应，还推动工业创新和可持续性的发展上。随着人工智能和自动化技术的发展，Nvidia 正帮助全球制造业向更高效、更环保、更智能的可持续制造迈进，Nvidia 在工业 5.0 中的角色显著而深远远超传统硬件供应商的范畴。作为技术和创新的先驱的 Nvidia 正引领着工业自动化、数据分析和智能决策支持的转变，借助其先进的 GPU 和深度学习技术，Nvidia 为工业应用提供了强大的计算能力，使企业能够处理和分析复杂数据，从而优化生产流程并提高效率。先进的 GPU 和深度学习技术的应用不仅加速了制造过程，还为企业提供了智能化和自动化运营的可能性。进一步，Nvidia 在人工智能领域持续的技术创新为工业 5.0 的实现提供了强大的支持。Nvidia 的创新不仅加强了其在工业 5.0 中的角色，也使其成为推动数字化转型和工业创新的关键力量，其在人工智能领域的持续创新为工业 5.0 的愿景提供了重要支持。

4.3.2　西门子：工业 5.0 的先行者

西门子工业自动化和创新领域的领导地位不仅来源于其深厚的历史遗产，也是由于其在数字化和技术应用方面的前瞻思维和创新精神。作为一家全球性技术公司，西门子长期致力于工业领域数字化转型，不仅包括了传统的自动化技术，还涉及最新的云计算、人工智能和 IoT 技术。通过先进技术应用，西门子已成功实现了从传统工业设备制造商向综合性数字化解决方案提供商的转变，不仅改变了自身的运营模式，也为整个工业领域提供了新的增长动力和创新路径。西门子在推动工业自动化方面的努力值得一提，西门子公司不断开发和推出新的自动化产品和系统，提高了生产效率和质量进而提升了工厂的灵活性和响应能力。智能制造和 IIoT 的领域，西门子通过提供集成的数字化平台和服务帮助客户实现数据驱动的决策和优化生产流程。上述努力在很大程度上推动了工业 4.0 和 5.0 理念的实现，为客户带来了显著的经济和环境效益。同时，西门子在可持续发展方面也取得了重要进展，通过其技术和解决方案帮助企业减少能源消耗和排放，提高资源效率，进一步证明了其在工业自动化和创新领域的领导地位。

西班牙工业 5.0 计划是西班牙工业经济、社会和文化发展的关键驱动力，西门子在其中发挥了重要作用。西门子的贡献体现在为西班牙工业 5.0 计划提供先进的数字化技术和自动化解决方案，并通过技术推动经济增长和社会福祉。通过实施先进的解决方案，西门子帮助西班牙企业和工厂实现了生产过程的优化，提高了效率和灵活性。此举措加速了制造业的现代化进程的同时促进了西班牙在全球市场中竞争力的提升。西门子技术创新还助力于可持续发展的实现，通过优化资源利用和减少环境影响实现了经济发展与环境保护的双赢。此外，西门子在推动教育和人才发展方面也发挥了重要作用，西门子为西班牙的工作人员提供了适应未来工业需求的技能和知识从而为社会的长期发展做出了贡献。通过综合性的努力，西门子既在技术层面上推动了西班牙工业的发展，也在社会和文化层面上为西班牙的整体进步做出了显著的贡献。西门子数字工业在工业 5.0 方面的实践突出体现了技术与人文关怀的完美结合，西门子利用现有和新兴技术旨在提高工业生产的效率和质量，而且在很大程度上致力于提升工人和消费者的福祉。西门子以人为本的技术应用表现在多个方面，如通过自动化和智能化技术减轻工人的劳动强度，提高工作场所的安全性和舒适性等。同时，西门子还注重使用数据分析和人工智能来改善产品设计和服务，更好地满足消费者的需求和期望。西门子在技术发展中强调工人的核心地位。西门子公司认识到工人不仅是技术应用的受益者，而且还是技术创新和改进的重要推动力。因此，西门子提供了各种培训和学习机会帮助工人提升技能并适应新的技术环境。上述举措不仅有助于工人的个人职业发展也有助于提升他们的工作满意度。西门子在西班牙 5.0 计划中展现了如何在追求技术创新的同时，也重视和促进人的发展和福祉，体现了工业 5.0 时代技术与人文关怀相结合的理念。

西门子数字工业在工业 5.0 方面的另一重要实践是数据管理和通信技术的应用。公司充分利用数据捕获和分析技术对生产过程中产生的大量数据进行深入挖掘和利用，以及通过先进的分析工具对这些数据进行处理和解读。数据驱动的方法使得西门子能够更精确地监控和优化生产流程从而提高效率和产品质量。通过对数据的深入分析，西门子还能预测和解决潜在的生产问题从而提高整个生产系统的稳定性和可靠性。此外，西门子还积极采用最新的通信技术，如 Wi-Fi6 和工业 5G 来提升其工业自动化系统的通信能力。先进的通信标准不仅提供了更快的数据传输速率，还提供了更高的网络可靠性和安全性，对于实现工业 5.0 中的高度互联和智能化生产至关重要。

西门子数字工业在工业 5.0 方面的实践主要集中于提升工业的整体竞争力、灵活性和效率。公司通过整合先进的数字化技术和创新思维，不断优化生产流程和管理体系以适应快速变化的市场需求和环境。西门子利用自动化和智能化技术显著提高了生产效率，减少了人力成本和时间消耗。同时，数据分析和人工智能的应用使公司能够更快速、更准确地做出关键决策。此外，注重持续技术创新和改进的西门子不仅增强了产品和服务的质量，也提升了企业在全球市场中的竞争力和影响力。通过上述举措，西门子成功地适应了市场的快速变化，展示了其在工业 5.0 时代的领导地位和前瞻性。西门子在提升工业竞争力方面的努力远远超越了技术层面的创新，西门子认识到员工的技能和专业知识是实现数字化工业成功的关键因素。因此西门子投入大量资源于员工培训和教育以此确保其团队不仅能够适应当前的技术需求，而且能够预见并适应未来的变革。西门子对人才发展的重视提升了员工的工作效率和产品质量，还增强了整个组织的创新学习能力。通过综合性措施，西门子不断提升其在全球市场中的竞争力的同时为实现更高效、更灵活的工业生产模式奠定了坚实的基础。

151

4.3.3　Clarify：工业 5.0 数据智能协作的典型应用

Clarify 平台作为一种创新的 SaaS 时序数据智能工具专门为满足工业自动化领域的独特需求而设计。Clarify 平台不仅是数据收集和分析的工具，更是一个多功能的解决方案，旨在强化数据的实用性和可操作性。通过高级数据处理和可视化功能，Clarify 使得复杂的工业数据变得易于理解和使用，对于提高生产效率和决策质量至关重要。其核心优势在于对时序数据的高效处理和分析能力。时序数据是指随时间变化而收集的数据在工业自动化中尤为常见，例如，机器运行状态、生产流程的进度和质量控制参数等。Clarify 能够处理这些数据，提供实时的洞察和预测，从而帮助管理层和技术人员优化工艺流程和提高生产质量。进一步地，Clarify 通过其先进的集成和协作功能，实现了数据的跨部门共享和利用。在工业 5.0 的背景下，跨功能团队协作对于促进创新和提升操作效率尤为重要。例如，生产线的工程师可以实时监测设备性能，同时，质量控制团队可以使用相同的数据来分析产品质量趋势。数据共享和协作不仅提高了透明度，还增强了团队之间的沟通和协作。

Clarify 的高效数据集成能力是其在工业 5.0 背景下的一大亮点，Clarify 平台能够处理来自 Historians、SCADA 和 IIoT 设备等多种工业自动化系统的数据实现数据的无缝集成。现代工业环境中各种系统和设备不断产生大量数据，数据对于指导生产决策、优化工艺流程和提升设备维护效率具有重要价值。然而，由于数据格式和来源的多样性使得有效地集成和利用这些数据成为一大挑战。Clarify 通过其先进的数据处理能力将不同来源和格式的数据统一处理，提供一个清晰、一致的数据视图，先进的数据能力对于提高数据的可用性和可靠性至关重要。此外，Clarify 的数据集成功能支持实时数据流和历史数据分析，这意味着不仅可以监控当前的生产状况，还可以回顾历史数据从而进行趋势分析和预测。深入的数据洞察能力对于及时发现问题、预测维护需求和优化生产计划至关重要。例如，通过分析历史数据可以识别生产过程中的瓶颈，找出设备故障的早期迹象或者优化资源配置。Clarify 平台的协作与可视化功能也是其在工业自动化领域中的核心优势之一，Clarify 平台不仅提供了数据的集成和组织能力，还使用户能够通过协作和数据可视化更有效地利用这些信息。工业环境中，数据的可视化对于理解复杂的生产流程和设备性能至关重要。通过将数据转化为易于理解的图表和报告，Clarify 使得技术人员和管理层能够快速洞察生产过程中的关键趋势和潜在问题。同时，Clarify 的协作功能促进了团队成员间的沟通和数据共享从而提高了整个组织的运营效率。团队成员可以在平台上直接交流和讨论数据并共同解决问题和改进流程。Clarify 平台提供的协作方式对于快速响应市场变化和优化生产决策至关重要。

Clarify 平台的设计理念紧密贴合工业 5.0 的核心思想即通过先进技术增强人类的工作能力。工业 5.0 时代下的技术不再只是自动化和智能化的代名词，而且更多地强调人的直觉、创造力和决策能力在生产过程中的核心作用。Clarify 通过其高效的数据处理、集成和可视化功能极大地提升了工作人员理解和利用复杂工业数据的能力从而有效提高了决策质量和生产效率。此外，Clarify 的协作功能进一步加强了组织内部跨部门和团队之间的沟通促进了协同作业，为处理复杂的工业问题提供重要帮助。Clarify 不仅优化了数据管理流程，还提升了整个组织的运营效率和灵活性。Clarify 平台上的数据不仅是被动地收集和分析，而且是主动地用于支持决策和创新，通过将复杂的数据集成和可视化，使得工作人员能够直观地理解生产过程中的关键参数和趋势，直观的理解促进了更快、更准确的决策，有助于快速响应市场变化和生产挑战。同时，Clarify 的协作功能确保了信息和知识在组织内部的有效流通，对于促进创新思维和解决复杂问题至关重要。

Clarify 平台支持的流数据时间线技术是其核心功能之一，此技术为用户处理和分析大量数据提供了极大的便利。通过流数据时间线技术，用户可以快速导航并同时可视化多种数据信号，有效地保持对整体数据的概览同时又不牺牲性能。流数据时间线技术在处理复杂的工业数据时尤为重要，因为其允许工作人员迅速识别和解读数据趋势和异常，不仅提高了数据分析的效率也加强了决策的准确性。对于需要实时监控和快速响应的工业应用来说，流数据时间线技术提供了一个强大的工具使得工作人员能够及时发现并解决潜在的生产问题从而优化生产过程，提高产品质量。此外，Clarify 的流数据时间线技术也为跨部门协作提供了支持，不同部门的团队成员可以利用这一技术共享和讨论数据，促进信息的流通和知识的共享，跨部门的协作对于解决复杂问题和促进创新非常重要。通过共享数据视图，团队成员可以更容易地理解问题的各个方面共同制定解决方案。快速变化的市场环境中，上述协作方式对于保持企业的竞争力至关重要。通过 Clarify 的流数据时间线技术，企业不仅能够提高内部运作的效率还能够更好地适应外部环境的变化，从而在激烈的市场竞争中保持领先地位。Clarify 平台的增强协作能力是其独特功能之一，极大地促进了团队成员间的有效沟通和协作，平台允许用户直接在数据时间线中开始讨论或记录事件，即时的交流方式使得团队成员能够在观察到数据变化或问题时立即进行沟通和反馈。此外，Clarify 支持媒体文件的添加，图像和视频文件可以提供更多上下文信息帮助团队成员更全面地理解问题。Clarify 通过此方式不仅简化了沟通过程，也提高了问题解决的效率和质量。Clarify 平台提供的搜索和历史回顾功能也是其强大协作能力的一部分。团队成员可以轻松搜索历史数据和讨论记录，可以避免重复解决相同的问题，节约时间和资源，允许团队成员参考过去的经验和解决方案，在处理复杂和长期的工业问题时尤为重要。通过上述功能，Clarify 不仅提高了团队协作的效率，也促进了知识的积累和共享，为企业创新和持续改进提供了坚实的基础。

4.3.4 Scioebc：区块链在工业 5.0 制造中的创新应用

Group50 与 Thinaer 合作推出的基于 IIoT 平台的区块链产品 Scioebc™ 是工业 5.0 制造的创新应用。Scioebc™ 产品的设计理念基于将区块链技术与工业 5.0 的力量结合起来，从而提供更强大、更安全且可靠的工业解决方案。Scioebc™ 的核心优势在于其能够利用区块链的不可篡改性和透明度，同时通过 IIoT 设备收集实时数据，为制造业和其他工业部门提供了一个全新的数据管理和分析框架，极大地提高了生产过程的效率和透明度。此外，Scioebc™ 的应用不仅限于提高操作效率，还在安全性和质量控制方面发挥着关键作用。通过实时监控和详尽记录每个部件的制造和维护历程，该系统能够确保所有关键工业部件都符合最高的质量和安全标准，对于那些依赖高度精确和可靠部件的行业（如航空业）具有极其重要的意义。通过引入 Scioebc™，Group50 和 Thinaer 展示了如何利用工业 5.0 的先进技术来优化工业流程提升产品质量，同时也展现了这些技术在实际应用中的巨大潜力。Group50 在航空安全部件的应用中体现了其对高质量和精确制造的承诺。在直升机飞行安全部件的制造和维护方面，如主轴部件，Group50 展示了其对细节的关注和对安全的重视。直升机的主轴是一个关键组件，它的性能和可靠性对飞行安全至关重要。因此，这些部件的制造和维护必须满足极其严格和具体的标准。Group50 通过运用其先进的制造技术和质量控制系统，确保每一个部件都能达到最高标准从而保障直升机的安全运行。Group50 的这一应用还展示了其在高度专业化领域的专业知识和技术创新能力。在直升机主轴的制造过程中，每个步骤都要经过严格的质量控制和测试以确保每个部件都符合安全标准。此外，Group50 还采用了先进的数据跟踪和记录系统，系统能够详细记录每个部件的制造和维护历史，确保所有数据都是准确和可追溯的。对质量和安全的不懈追求使 Group50 在航空安全部件制造领域中树立了标杆。

Group50 公司制造直升机的主轴所涉及的制造过程展示了极高的复杂性，完整过程包括大约 75 个不同的操作步骤，整个周期长达 30 ～ 40 周。每个步骤都需要精密的操作和严格的质量控制以确保最终产品符合严格的安全和性能标准。上述步骤可能包括材料的选择、加工、热处理、机械加工、装配、测试和检验等，每一步都是整个制造过程中不可或缺的一环，复杂的制造过程要求高水平的技术专长和精细的工艺管理。Group50 必须确保所有操作步骤都能够无缝衔接，同时保持高效率和精确度。为了达到目标，公司采用了先进的制造技术和自动化系统，以及严格的质量控制程序。这种专注于细节和质量的方法，不仅保证了每个部件的可靠性，也为整个航空工业的安全标准树立了新的高度。Group50 公司的航空安全部件制造过程中，详细记录的保持是确保产品质量和安全的关键环节。制造直升机主轴等关键部件时，公司必须收集和管理大量的信息，包括测试结果、测量数据、时间、温度和其他相关参数，数据不仅用于监控制造过程的每一步，还用于确保每个部件都符合严格的性能和安全标准。通过维护这些详尽的记录，Group50 能够确保其产品的可靠性和一致性的同时也为可能出现的问题提供了重要的诊断信息。详细记录的维护还对提高整体生产效率和优化制造流程具有重要作用，通过分析收集到的数据，Group50 能够识别制造过程中的潜在问题和改进点，从而不断提高其制造工艺的质量和效率。基于数据的方法使得公司能够更好地适应市场需求的变化并不断创新以满足行业不断提高的标准。

　　Group50 的应用案例中，全历史记录的文档通过区块链和工业 5.0 的结合实现，对于保障航空安全部件如直升机主轴的质量和安全至关重要。技术组合使得每个部件的每一步制造和维护过程都能被详细记录和追踪。区块链技术的应用确保了这些记录的不可篡改性和透明度，而工业 5.0 技术则为实时数据收集和监控提供了可能。此种记录系统不仅对制造商来说是一种质量保证，也为消费者和监管机构提供了一种信任和安心的来源。全历史记录的文档化在提高制造过程的透明度和可追溯性方面起着关键作用，不仅有助于及时发现和解决生产问题，也为产品的整个生命周期管理提供了基础。例如，如果某个部件出现故障或需要维修，凭借详细的历史记录维修团队可以快速了解部件的整个生命周期，包括制造、使用和维护的每个细节，从而做出更加精确和有效的维修决策。此外，通过区块链技术实现的不可变记录是确保每个部件质量和安全性的关键，不可变记录系统为直升机主轴等关键航空安全部件提供了一层额外的保障，每个部件的制造和维护过程都被详尽地记录在一个不可更改的数字账本中，不仅为质量保证提供了强有力的工具，也为未来的审计和合规性检查提供了重要依据。详细的、不可篡改的记录保证了每个部件都能达到最严格的安全标准，大大降低了故障和事故的风险。上述记录方法在持续改进和优化制造流程方面也发挥着重要作用。通过分析记录中的数据，Group50 可以识别潜在的质量问题和改进机会，提高了产品的整体质量并促进了制造流程的优化。在高风险的航空行业中，对质量和安全的

159

持续关注是至关重要的。通过不可变的记录，Group50 展示了如何利用最新的技术来提升传统制造业的质量和安全标准。

4.4　SDGs 下的工业 5.0 展望

4.4.1　环境保护与可持续发展

全球可持续发展的大背景下，可持续性与环保已成为工业领域的重要议题，尤其是在工业 5.0 的时代中使用可再生能源和生态友好的材料不仅体现了对环境责任的承担，也成为了企业竞争力的一个重要标志。太阳能、风能和水能等可再生能源的应用对于减少工业活动的碳足迹和环境影响具有显著意义，可再生能源替代传统的化石燃料为工业生产提供了一种清洁、低碳的能源选择，太阳能光伏板的使用可以为工厂提供稳定的电力供应同时减少温室气体排放，风能和水能也在自然资源丰富的地区被作为主要的能源来源。生态友好材料的应用则是可持续性和环保的另一个重要体现，生态友好材料往往具有可回收、可降解或更低的环境影响特性。例如，生

160

物基塑料、竹材和再生金属等生态友好材料的使用不仅减少了对环境的负担，也促进了循环经济的发展。产品设计和制造过程中更多地采用生态友好的材料，不仅可以减少对环境的损害，还可以提高产品的市场竞争力。除了材料本身的环保特性外，其生产过程中的能源使用和废物管理也是重要考量，生态友好材料的使用通常伴随着更高效的生产工艺和更优的废物回收处理方式，有助于降低整体的环境影响。

循环经济的实践是当前工业发展中的一个重要趋势，其核心理念在于减少浪费和提高资源利用率。循环经济理念的实施对于促进可持续发展和减轻环境压力具有重大意义。循环经济的实践涉及从原材料的采集、产品的设计与制造，到产品的使用和最终的回收处理的全过程。此过程中减少浪费的措施包括优化设计以减少原材料的使用，提高生产过程的效率以减少能源和资源的消耗以及提高产品的耐用性和维修性以延长其使用寿命。例如，通过采用模块化设计，产品的某些部分可以在损坏时被更容易地更换而不是整个产品被废弃。此外，使用再生材料或生物基材料等更可持续的原材料也是减少浪费的有效方式。提高资源利用率则涉及在产品的整个生命周期中，尽可能多地回收和再利用材料和资源，不仅包括产品的物理回收，如金属和塑料的回收利用，也包括产品设计中

的资源再利用，如设计易于拆解的产品以方便回收。工业
生产过程中提高资源利用率，还包括优化生产流程以减少
副产品和废物的产生以及采用更高效的能源使用方法。例
如，通过闭环冷却系统和能量回收系统，可以减少水和能
量的消耗。

4.4.2　人机协同与劳工福祉

随着技术的进步、制度的完善，以及工业从业人员
（特别是普通工人）的状况越来越被重视，工业生产中人与
机器的关系从工业革命初期的对立和冲突，逐渐磨合演变
为互补和协作。这一过程绝非简单的"机器换人"，而是反
映了不同历史时期、不同技术条件下，工业发展目标、经
济属性、技术路线和价值创造方式不断向着更符合人的利
益的方向发展（见表 4 - 1）。在数字化时代，工业生产中
人与机器的关系不尽如人意，这是工业就业吸引力下降进
而引发工业价值创造能力下降、要素配置扭曲的重要原因。
构建更符合时代特征的人机关系，是破解工业发展困境，
实现转型的必然要求，也是"工业 5.0"在人机关系上的
具体表现。在工业 5.0 时代，提升人机交互技术以确保工
作环境的安全和生产效率的提升成为一个关键议题。人
机协同不仅是机器人和自动化系统的简单部署，更强调

人和机器之间的有效互动和协作。人机交互技术的进步是至关重要的，包括但不限于高级传感器、机器视觉、自然语言处理和人机界面的优化。通过上述技术，机器能够更好地理解和响应人类的操作和指令同时也能提供更直观和易于理解的反馈给操作者。例如，拥有高级传感器和机器视觉的协作机器人能够实时感知周围环境和人员的位置从而在共享工作空间中安全地与人类工作者协作。进一步，自然语言处理技术的应用则使得与机器的交互更加自然和直观，操作者可以通过语音指令与机器进行交流，提高效率并降低操作的复杂性。与此同时，人机协同的发展也紧密关联着劳工福祉的改善。传统的工业生产模式中重复性和高强度的体力劳动是导致工人疲劳和职业伤害的主要原因。随着人机协同技术的发展和应用，上述情况正在发生变化，协作机器人和自动化系统能够承担重复性和高强度的工作从而减轻工人的体力负担。此外，人机协同系统的设计更加注重人体工程学和用户体验，使得操作者在与机器协作的过程中更加安全和舒适。例如，人机界面的优化提高了操作的直观性，也减少了误操作的可能性，从而提高了工作环境的安全性。实时监控和数据分析也可以及时识别潜在的安全风险，进一步保障工人的安全。

表4-1　制造业人机关系演变

人机关系	代表性机器	人机交流	生产安全	岗位分工	机器柔性	生产力与生产关系	生产极限
1.0 人机冲突	蒸汽驱动机械和手工车床	机械式人机界面，操作机器体力消耗大	几乎没有安全保障，致命的安全事故频发	机器主要完成人类体力和人类速度无法胜任的工作，一般需要工人对机器进行不间断的操作	机器只能完成事先设计的工作，不具备柔性，也很难扩展功能和进行组合	机器成为新的生产力，工厂制代替手工工作坊成为新的生产关系	突破了"人工＋普通工具"束缚，产出大量工业产品
2.0 人机磨合	流水线机械装置	半自动化人机界面，操作难度降低	粗略、非标准化和非标准制的规章制度，安全事故仍然较多	机器在流水线上广泛使用，但并没有降低工人劳动强度	专业设备较多，通用设备较少柔性程度很低	流水线实现了大规模低成本制造，垄断大量出现	低成本和高产出，工业产品性价比迅速提高
3.0 人机互补	初代工业机器人	专业化界面系统，操作难度降低但学习成本增加	严格的规章制度和隔离措施，安全事故明显减少	机器和人类工人分属不同岗位	机器的安装和调试需要较长时间，具备柔性的可能性，但柔性化成本高	制造业效率效益继续提升，产业组织趋于垂直解体和重构	产品质量大幅提高，新产品层出不穷
4.0 人机协作	数控机床和数字化机器人	出现模块化命令组，学习成本大大降低	机器在封闭空间运行，安全事故极少发生	大多数工作由机器负责，工程师负责帮助机器纠错和进行调试	模块化设计能够实现快速组合柔性化程度明显提高	人开始回归工厂生产，并成为核心和中心地位	柔性化和快速响应能力提高
5.0 人机融合	协作机器人	使用人类自然语言进行人机交流，几乎不需要工人学习	机器不再构成伤害，甚至可以保护人类	机器与人能够同台操作，甚至可以互换岗位	机器具有学习能力，能够胜任更多工作，柔性化逼近人类水平	制造业具有极高生产力，生产，并且以人为本和以人为中心	超柔性制造、超精细制造，增材制造、纳米制造成为可能

资料来源：笔者自行收集整理而得。

现代工业生产中，改善工作环境及关注工人健康和福祉已成为企业社会责任和持续发展的重要组成部分。良好的工作环境直接影响到工人的生产效率和企业的长期发展，为此，企业正在采取多种措施来改善工作环境确保工人的健康和福祉，包括但不限于提供安全的工作条件、改善工作场所的物理环境、实施健康和安全的工作实践以及提供相应的员工福利和支持。安全的工作条件是基础，确保机械设备的安全使用、防止职业病的发生以及减少工作场所事故，不仅需要合理地设计和维护设备，还需要对员工进行定期的安全培训和意识提升。改善工作场所的物理环境也是关键，包括控制噪声、温度和空气质量以及提供舒适的工作站和休息区，良好的物理环境可以减少工人的身体负担，提高工作效率同时也有助于减少工作相关的健康问题。此外，实施健康和安全的工作实践，如适当的工作休息、合理的工作强度和时间安排对于保障工人的身心健康同样重要。上述实践有助于减少工作压力和职业疾病的风险，改善员工的整体福祉。与此同时，企业还应提供相应的员工福利和支持，如健康保险、员工辅导服务和职业发展机会。上述福利和支持不仅能够增强员工的工作满意度和忠诚度，也是企业吸引和留住人才的重要因素。

4.4.3　社会责任与全球经济一体化

当代的全球化背景下企业的社会责任和对全球可持续发展目标的贡献已成为衡量其综合实力和长远影响力的重要指标。社会责任不仅是企业对内部员工的责任更扩展到对环境、消费者以及整个社会的责任。企业不仅要确保其运营的合法性和伦理性，还要积极参与到解决社会和环境问题中，如气候变化、资源耗竭和社会不平等。具体到实践层面，企业可以通过实施环保政策、提供公平的就业机会、支持社区发展等多种方式履行其社会责任。例如，企业可以通过减少排放、使用可再生能源、提高资源利用效率来减轻其对环境的影响。同时，通过提供包容和多元的工作环境企业不仅能够提高员工的满意度和忠诚度，还能够促进社会的多元化和包容性。对于全球可持续发展目标的贡献企业可以通过多种方式参与其中，包括但不限于消除贫困、实现饥饿零容忍、促进健康、实现性别平等、保护地球的自然资源等。企业可以通过在全球供应链中推广可持续实践、投资社会福利项目、支持教育和培训计划等方式为这些目标的实现作出贡献。通过支持发展中国家的可持续农业，企业不仅能够帮助改善当地农民的生活条件还能够促进环境的可持续利用。此外，企业还可以通过与政府、非政府组织、其他企业以及民间社会的合作共同推动这些目标的实现。全球化合作不仅有助于提升企业的国际形象和品牌价值，也是企业作为全球公民承担责任的体现。

　　跨国界合作在当今时代是解决全球性挑战的关键途径。随着全球经济一体化的深入发展，例如，气候变化、环境污染、资源耗竭和公共卫生危机等问题已不再局限于单一国家或地区，而要求各国超越国界共同努力寻找解决方案。跨国界合作可以通过国际组织、多国政府间协议、跨国公司以及非政府组织的共同努力来实现。尤其是气候变化这一全球性挑战上，各国通过联合国框架下的国际协议如《巴黎协定》，共同承诺减少温室气体排放以应对全球气候变化。国际协议不仅为各国政府提供了合作的平台，也为私营部门和民间社会组织提供了行动的指引。除此之外，跨国界的科技合作也在全球性挑战的解决中扮演着重要角色，可再生能源技术、碳捕捉和存储技术的科技进步为减少环境影响和应对气候变化提供了可能。跨国界的科技研发和应用需要跨国界的知识共享和合作以加速技术的创新和普及。跨国界合作在提升全球公共卫生水平、减少贫困和提升教育质量等方面也发挥着重要作用。全球公共卫生领域，国家间的合作对于防控传染病、提高医疗卫生服务质量至关重要。世界卫生组织在全球范围内协调各国对于公共卫生危机的响应以促进医疗资源的有效分配和利用。此外，通过国际援助项目、发展援助以及全球教育计划，发达国家和国际组织能够帮助发展中国家减少贫困、提高教育水平从而促进全球的社会经济发展。联合国的可持续发展目标就是通过全球合作力求到 2030 年解决极端贫困、饥饿、不平等等问题。

4.4.4　机遇与挑战

基于工业 5.0 全球发展趋势，人工智能和机器学习开始在新一轮的工业革命中扮演重要角色。现代制造业中的应用主要集中在数据分析和预测以优化生产过程，技术通过分析大量从生产线收集的数据能够揭示生产过程中的模式和趋势从而帮助企业提高效率、降低成本并改善产品质量。人工智能系统能够处理复杂的数据集，识别其中的关键变量和潜在问题。例如，汽车制造中人工智能可以分析组装线上的数据以优化工序安排，减少浪费并确保产品符合质量标准。此外，机器学习算法在预测设备维护方面尤为有效，通过分析设备的运行数据能够预测何时设备可能出现故障从而安排预防性维护并减少意外停机时间。人工智能和机器学习还在产品设计和开发中扮演着关键角色，利用人工智能技术企业能够更快地从原型设计过渡到生产阶段。

机器学习算法可以分析历史设计数据帮助设计师识别最有效的设计方案或者预测市场对新产品的反应。供应链管理方面，人工智能系统能够分析市场趋势、原材料供应情况和物流数据帮助企业优化库存管理，降低成本，同时提高对市场变化的响应速度。

尽管工业 5.0 概念的理念先进、理论收益显著，但目前仍处在各子概念细化成型、子系统逐步推进的过程中，所以工业 5.0 仍可能面临不小挑战。首先，在工业 4.0 中使用的种种先进技术使人们感受其更多是发生在工业、制造业的一场重大变革，但工业 5.0 拉近了人与技术的关系，而且涉及全产业链的参与者，因此将产生与人相关的、社会性的挑战。从技术角度看，工业 5.0 需要社会的接受与信任度要求较高，通过宣传、推广说明新技术的重要作用使其原理容易被理解。民众对新技术的接受程度越高，越容易形成主动的理解和支持，才更利于新技术的使用和工业 5.0 的发展。从社会角度看，新技术、新体系需要具备一定的解决社会问题的能力。主要包括老龄化社会、青年工作压力大及失业问题以及一定的性别不平等或社会不平等问题。如果工业 5.0 发展新技术、新体系时考虑了这些问题并提出了改进的解决方案，那么公众对工业 5.0 的接受度会更高。其次，新的工业范式、工业体系出现后，公共治理体系也需要做出相应调整以应对新情况、解决新问题，对工业 5.0 体系发挥作用也带来一定挑战。一是治理体系变革通常存在一定的滞后期。这需要产业界与政府加强合作使治理体系了解新技术、使用新技术，带着问题参与到新工业范式的建立过程并逐渐解决问题，缩短滞后期也将解决问题的关口前移，尽可能从根本上解决问题。二是注意发挥新工业体系的正面社会效应。企业或行业使用新技术更多关注经济效益，但公共治理体系需要建立一个从可持续性角度提高生产力的社会导向和价值观，从而以政企协作的方式，推广工业 5.0 的可持续性理念，并将其付诸实践，降低对环境、社会的负面影响。最后，建立新工业体系的主要目的是提高生产力，创造价值。但新技术、新体系的实际应用，在经济角度也面临一定挑战。一是需要开发新的商业模式。新模式不仅提供商品，也可以通过提供服务或良好的自然或社会环境，获得消费者的认可。通过数字平台及商业生态系统的支持，谋求生产体系各环节参与者利益的总体最大化。二是继续提高竞争力。新的生产范式、体系需要具备提高竞争力的能力得到市场的认可，才能更好地推广以人为本、可持续发展的理念，否则将难以为继。三是需要增大投资规模，不仅是在数额上需要大量新投资，而且还需要提出新的投资模式，使投资者不仅愿意为短期的经济利益投资，也愿意为新生产体系所创造的长期环境和社会附加值而投资。

第 5 章　深入践行中国绿色发展理念下的企业数字化转型

5.1　中国特色的绿色发展理念

5.1.1　习近平"两山理论"

2005 年，时任浙江省委书记的习近平提出了"绿水青山就是金山银山"（以下简称"两山理论"）的新发展理念，为我国近年生态文明建设及绿色经济发展奠定了基础。2014年，《中华人民共和国环境保护法》修订通过。党的十八届五中全会提出了创新、协调、绿色、开放、共享的新发展理念，更是将绿色和创新放在未来发展的核心位置。"两山理论"深刻阐释了生态环境与经济发展之间的内在联系，打破了传统工业发展理念中环境与发展的对立状态，强调追求经济增长的同时坚持生态保护和改善生态环境，认识到绿水青山本身就是宝贵的自然资产，是实现长期、稳定、健康经济发展的重要基础。一方面，从 2003 年《环境保护要靠自觉自为》开始，作为新时代经济社会发展的行动指南的"两山理论"已经成为探讨与诠释生态文明建设语境下高质量发展之路的核心要义（杨莉和刘海燕，2019），也为中国乃至全球的可持续发展提供了新的理论指导和实践路径。"两山理论"的精髓在于提出了一种全新的发展视角，将经济发展与生态环境保护相结合以实现双赢的局面，其创新之处在于，不再将生态环境看作是经济发展的障碍，而是认识到了生态环境的长期价值，将优良的生态环境视为可持续发展的重要资本，进而形成一种宝贵的资源和财富。在"两山理论"指导下，保护生态环境成为了保护和增强生产力的一种方式，改善生态环境则直接关联到生产力的发展，标志着中国在发展战略上的重大调整，从单纯追求经济增长转向追求经济增长和生态环境保护的平衡。"两山理论"强调了一种和谐共生的发展理念，即生态环境不仅是经济发展的基础，也是确保社会长期稳定和人民生

① 践行新发展理念　坚持高质量发展［N］. 人民日报，2022－07－29（010）.

活质量提升的关键。中国在"两山理论"和谐共生的发展理念的引领下，开始转变传统的发展观念，通过促进绿色技术的发展、优化产业结构、提升资源使用效率等方式，将生态文明建设纳入到国家发展的总体规划中。上述基于"两山理论"的改变体现了对当前环境问题的应对，也展示了对未来发展的深远考虑。另一方面，"两山理论"以马克思主义自然生产力理论为基础，立足中国经济发展新常态，是新时代马克思主义生产力理论崭新内涵的集中体现。尤其是党的二十大以来，"两山理论"已成为指导新时期中国式现代化建设的重要理论源泉，探究"两山理论"的逻辑体系与实践路径对于理解人与自然和谐共生维度的马克思主义中国化意义重大（朱竑等，2023）。

173

基于"两山理论"的绿色发展理念，近年来中国的环境保护和生态文明建设实现了质的飞跃，停留在理念层面的同时深入到实际政策和具体行动中。与此同时，中国政府采取了一系列切实有效的措施，推动了绿色产业的发展以及优化了产业结构，并实施了一系列严格的环境保护政策以保证"两山理论"在实践中的落地。首先，在推动绿色产业发展方面，中国积极发展新能源、节能环保、新材料等绿色产业，在减少环境污染、节约能源消耗的同时成为经济增长的新动力。中国在太阳能、风能等可再生能源领域取得了显著进步，成为世界上最大的清洁能源市场之一。此外，政府通过财政补贴、税收优惠等政策支持绿色产业的发展，鼓励企业采用环保技术和设备以提高资源利用效率。其次，在优化产业结构方面，中国政府加大了对传统高污染、高能耗行业的整顿和调整力度，推动产业向更加环保、更加可持续的方向发展。中国政府出台了一系列政策措施，如关闭落后产能、提高环保标准、推广循环经济等以促进产业结构的优化升级。与此同时，中国也大力发展对环境影响较小的服务业和数字经济以减少传统工业对环境的压力。最后，在实施严格的环境保护政策方面，中国政府加强了环境监管，严格执行环境法规来确保企业和个人遵守环保标准。中国政府推出了一系列环保行动计划，如大气污染防治行动计划、水污染防治行动计划等，通过系统性的措施有效地改善了中国的环境质量。中国政府还鼓励公众参与环保活动，提高了社会对生态文明建设的认识参与度。中国的许多城市和地区在"两山理论"的指导下，逐步重视生态环境的恢复和保护，全国范围内展开了大量的生态修复项目，如森林植树、湿地恢复、河流治理等，改善了生态环境，提高了人民的生活质量。例如，北京市的生态修复项目改善了城市的空气质量，提升了市民的幸福感。生态修复项目的实施充分体现了"两山理论"的实践成果，成为中国生态文明建设的亮点。"两山理论"打破了将经济发展与生态环境保护对立起来的传统经济发展模式，指明了经济发展与生态环境保护可以实现协调共生的新路径，解决了经济发展与生态环境保护这个困扰了人类几百年的矛盾，找到了新时代中国经济发展动力足、底色绿、成本低、污染少、质量高的新路径。因此，"两山理论"是一种超越传统经济发展理论的经济学新发展观（孙要良，2020）。

"两山理论"为中国特色的绿色发展理念奠定了坚实的基础，标志着中国在生态文明建设方面迈出了重要一步；深刻体现了中国传统文化中"天人合一"的哲学思想，强调人与自然的和谐共生，从而为现代社会提供了一种全新的生态文明建设路径。通过将传统的生态智慧与现代发展需求相结合，"两山理论"不仅在中国产生了深远的影响，也为全球面临的生态环境挑战提供了有益的借鉴和启示。在工业 5.0 的新时代背景下，"两山理论"的重要性更加凸显，为中国工业的转型升级指明了方向进而走向更加绿色和可持续的发展道路。在此过程中，"两山理论"不仅强调了环保和可持续发展的重要性，还提出了具体的实践路径和方法。例如，通过促进绿色技术的创新和应用推动智能化和数字化转型以及加强环境法律和政策的实施等具体举措，中国工业得以逐渐向着更加高效、清洁和可持续的方向发展。此外，"两山理论"还促进了社会各界对生态文明的认识和重视。从政府到企业再到公众，越来越多的人开始认识到生态环境保护的重要性，并积极参与生态文明建设。全社会的参与和共识为实现"两山理论"的目标提供了坚实的社会基础和动力。总体而言，"两山理论"对于我国工业 5.0 远景与实践具有指导性的影响，也为未来的工业发展提供了全新的方向。

5.1.2 "双碳"目标

2020 年，时任国家主席习近平在第七十五届联合国大会上提出"双碳"目标，标志着中国在全球气候治理中的日益重要地位（寇江泽和刘温，2024）。"双碳"目标包含两个关键部分：一是到 2030 年实现碳达峰；二是到 2060 年实现碳中和。碳达峰指中国的二氧化碳排放总量达到最高峰值后开始逐步下降；碳中和则指通过一系列减排措施和增加碳汇，最终达到排放的二氧化碳与吸收的二氧化碳量平衡的状态。"双碳"目标的设定是中国对全球气候变化挑战的积极回应，也反映了中国在生态文明建设方面的坚定决心和长远规划。作为全球最大的发展中国家和碳排放大国，中国在减排方面的努力和承诺对于全球气候变化的缓解具有不可估量的重要性。我国提出的"双碳"目标不仅会在全球范围内减少温室气体排放，有助于全球应对气候变化的努力，而且将成为推动全球环境治理和国际合作的中坚力量。进一步，党的二十大报告提出要加快绿色转型，实施全面节约战略并发展绿色低碳产业，倡导绿色消费的同时推动形成绿色低碳的生产方式和生活方式（于成学，2023）。从国内角度来看，"双碳"目标的实现对中国自身的经济结构转型和高质量发展具有深远意义。"双碳"目标要求中国加快从传统的高污染、高能耗经济模式向绿色、低碳、循环经济的转型，这不仅有助于改善国内的环境质量，提高人民的生活质量，也是推动经济结构优化升级实现高质量发展的关键。通过绿色、低碳、循环经济的转型，中国将能够在全球经济中扮演更加积极的角色从而促进经济的可持续发展，同时也为全球提供了减排和发展的中国方案。此外，"双碳"目标的实现还将促进新能源、节能环保等产业的快速发展。随着对清洁能源和低碳技术的需求增加，新能源、节能环保等产业将成为新的经济增长点推动科技创新和产业升级，因此有助于降低对化石燃料的依赖，减少环境污染，还能够为全球可持续发展提供新的动力和解决方案，中国有可能成为全球新能源和环保技术的领导者从而为全球绿色转型做出重要贡献。

实现"双碳"目标需要采取全面多元的策略，涉及从能源结构调整到产业升级再到生态系统保护的多个方面。首先，能源结构的调整是实现碳达峰和碳中和的关键。不仅意味着减少对传统化石能源的依赖，还包括大规模推广可再生能源的使用，因此风能、太阳能等清洁能源的发展将扮演重要角色，通过增加这些清洁能源在能源消费总量中的比重，中国可以显著降低其碳排放强度。此外，提升能源效率和促进能源技术的创新也是必不可少的。例如，提高煤炭清洁利用技术、发展核能和天然气等较低碳排放的能源方式都是实现能源结构优化的重要途径。其次，产业结构的优化升级同样至关重要，涉及发展低碳技术和产业，特别是在制造业和建筑业等高能耗行业中推广能效技术和节能措施。通过促进产业向更加节能、环保的方向发展可以有效降低整个社会的碳排放水平，同时支持和鼓励在清洁能源、节能环保、碳捕捉和存储技术等领域的研发创新，为实现低碳发展提供强大的技术支持。最后，提高碳汇能力也是实现碳中和目标的重要组成部分，包括加强对森林、草原、湿地等自然生态系统的保护和恢复工作以及推广生态农业和林业实践。通过增加森林覆盖率、恢复退化的草原和湿地、实施绿色植被工程等方式，可以有效增强自然生态系统的碳吸收能力。发展城市绿化和屋顶花园等城市生态工程，也有助于提升城市地区的碳汇能力。

要实现"双碳"目标对中国来说，既是一项艰巨的挑战，也是一个重要的机遇。能源结构和产业结构的转型方面，中国面临的挑战尤为显著，作为世界上人口最多的国家，中国对能源的需求巨大，但目前能源消费结构中化石能源占比仍然较高。因此，如何在确保经济社会稳定发展的同时实现能源结构从主要依赖化石能源向更多依赖清洁、可再生能源的转变是一个需要系统解决的问题，不仅与能源供应的安全和稳定有关，还涉及能源价格、产业链布局等一系列复杂因素。在产业结构优化升级方面，推动传统产业向低碳、环保方向转型，发展新的低碳技术和产业都需要持续的努力和大量的投入，包括加强科研投入促进低碳技术的创新和应用，以及调整产业政策引导资本流向绿色、低碳领域。转型升级不仅会对现有产业造成影响也可能带来就业结构的变化，因此需要谨慎而有效的政策支持和社会适应。尽管如此，实现"双碳"目标也为中国乃至全球的可持续发展带来了新的机遇。首先，"双碳"目标的实施将促进绿色、低碳技术的发展，包括可再生能源、节能环保、碳捕捉和储存技术等，绿色低碳技术的发展和应用将推动产业升级，创造新的经济增长点并提高能源使用效率和减少环境污染。其次，"双碳"目标的实现将加快经济发展模式的转变，推动经济向更加可持续的方向发展，有助于提升中国在全球气候治理中领导地位的同时为全球环境保护和气候治理作出重要贡献。总之，"双碳"目标的提出和实施，是中国在全球气候变化问题上的重要承诺，也是推动经济社会向可持续发展转型的重要途径。虽然面临诸多挑战，但通过科技创新、政策引导和社会各界的共同努力，"双碳"目标将为中国乃至全球的生态文明建设和可持续发展做出重要贡献。基于工业5.0的可持续性、以人为本、工业韧性三个核心理念，"双碳"技术应用强调技术创新和智能化的重要性的同时更是将绿色、循环和可持续发展置于核心位置，这意味着工业生产必须除追求效率和盈利外还需更加重视资源的节约和环境的保护。上述的新型绿色发展模式要求企业在生产过程中融入更多的绿色元素，如使用可再生能源、减少废物排放、循环利用资源等，从而实现生产过程的绿色化。最后，"双碳"技术在工业5.0时代的实践中体现为对高科技手段的积极应用和创新管理的推广。高科技手段包括智能制造、大数据、互联网等新一代信息技术，能够提高生产效率同时减少资源消耗和环境污染。例如，通过低碳制造系统，工厂可以实现精准的生产管理的同时减少原材料的浪费和能源的过度消耗。大数据和互联网技术也可以帮助企业实时监控环境影响，及时调整低碳生产策略，减少对环境的负面影响。"双碳"技术应用还强调了创新管理在实现工业生产绿色化和智能化中的重要作用，包括建立环保和可持续发展的企业文化，鼓励员工参与环保创新以及建立绿色供应链管理体系等。通过"双碳"目标管理，企业不仅能够提高生产效率还能够减少对环境的影响，提升企业的社会责任和品牌形象。在"双碳"目标的引导下，工业 5.0 时代的企业开始更加重视生态环境保护，并将其作为企业长远发展的重要考量。以绿色为导向的发展模式不仅有助于保护环境，还能够带来经济效益，提高资源利用效率降低成本，通过绿色产品和服务开拓新市场等。上述实践表明，"双碳"目标不仅有助于实现环境和经济的和谐发展，也为工业 5.0 时代的企业提供了发展的新机遇。

5.1.3　ESG 发展理念

1999 年，联合国秘书长安南提出"全球契约"理念的讲话中首次讲到了全球契约的九项原则。2000 年联合国全球契约组织在联合国总部正式成立。2004 年，联合国全球契约组织提出了环境、社会和公司治理（environmental, social and governance，ESG）概念。彼时，在一些人看来"联合国加强与企业合作是在冒险"时，安南秘书长就意识到企业在推进全人类可持续发展目标的过程中可以发挥重要作用，是构建包容性的国际多边机制的重要力量。至此，联合国全球契约十项原则得到完善。在完善了全球契约十项原则之后，ESG 议题在 2004 年题为《在乎者即赢家——变化的世界中的金融市场：金融业围绕将环境、社会和治理议题更好的纳入分析、资产管理和证券交易的建议》的报告中首次被正式提出，报告里 ESG 并非单独出现，最为频繁的三个组合是：ESG issues（ESG 议题），ESG factors（ESG 要素）和 ESG principles（ESG 原则），其中的 ESG principles 就是全球契约十项原则。报告还详细阐释了提出 ESG 的目的在于强调对投资价值有"广义实质性"影响的要素和原则。"广义实质性"聚焦十年或者更久的时间线，超越了企业短期逐利的狭隘关切。报告指出，长期时间线里的一些并非显而易见的影响公司长期价值的重要元素会凸显出来，即 ESG 全球契约十项原则。由于完善的公司治理和风险管理系统是企业成功履行环境与社会政策和方法的必要前提，因此在完善了全球契约第十项原则后，因为有"原则"可依，便可把三个概念整合到了一起，正式提出了 ESG 这个议题。

ESG 作为全新的绿色综合评价体系正逐渐成为全球企业可持续发展的重要指南。在社会不平等、面临气候变化等全球性挑战下，ESG 的核心理念在于鼓励企业在追求经济利益的同时也要充分考虑环境保护、社会责任和公司治理的潜在风险。ESG 概念的提出是对传统企业评价体系的一次重大创新，强调了企业非财务绩效的重要影响作用（见图 5-1）。在环境（environmental）方面，ESG 关注企业对自然环境的影响，包括碳排放、资源使用效率、废物处理和生态影响等，企业被鼓励采取可持续的生产方式以减少对环境的负面影响，高度契合工业 5.0 可持续性的发展理念。在社会（social）方面，ESG 强调企业在社会责任方面的表现，包括员工权益保护、供应链管理、客户满意度以及社区参与等，企业在社会方面的表现成为衡量其整体绩效的重要因素，高度契合工业 5.0 以人为本的发展理念。在公司治理（governance）方面，ESG 则关注企业的内部管理和决策过程，包括董事会的结构和多样性、高管薪酬、审计流程及透明度等。良好的公司治理被认为是企业以人为本及可持续发展的关键所在，也是未来企业工业韧性的发展基础。由于 ESG 评分能够衡量公司或商业投资中影响其可持续性"最核心"的三方面因素（操群和许骞，2019），许多国际投资机构开始将 ESG 评分或评级作为投资决策的重要参考依据并倡导绿色投资推动企业的可持续发展。与此同时，全球范围内的政府和监管机构也在逐步加强对企业 ESG 实践的具体要求，制定相关法规和标准推动企业提升在环境保护、社会责任和公司治理方面的表现。因此，ESG 绿色发展理念不仅改变了全球企业的运营方式，也重塑了全球资本市场的投资理念。随着越来越多的企业和投资者重视企业的 ESG 评分，相关的评价体系正在成为全球企业竞争力的新标准。

ESG

环境（Environmental）、社会（Social）和治理（Governance），简写为ESG，是一种关注
企业环境、社会、治理绩效，衡量公司和价格是否具备足够社会责任感的重要标准

图 5 - 1　ESG 概念框架图

资料来源：笔者运用 Stata 软件自行绘制。

中国政府对 ESG 的关注和实践自 21 世纪初开始显现，随着国内外对可持续发展和绿色经济的日益重视，ESG 理念在中国的发展持续加速。我国政府"十四五"规划将 ESG 理念纳入国家发展战略，体现了中国对于可持续发展的高度重视。随后各级政府推出了一系列政策和措施，旨在促进 ESG 原则在中国企业中的广泛应用和实施。这些政策涵盖了环境保护、社会责任和公司治理的各个方面，反映了中国政府在推动可持续发展方面的坚定承诺和行动。在环境方面，中国政府制定了一系列旨在减少环境污染和碳排放的政策，包括实施更加严格的环境保护法规、推广清洁能源使用、鼓励企业采纳节能减排技术和提高能源使用效率。例如，上文提到的"双碳"目标为中国工业企业

提供了明确的减排方向和要求。在社会责任方面，中国政府强调企业需要承担更多的社会责任，包括提升劳动条件、保障工人权益、推动性别平等以及加强社区参与和贡献。政府通过各种政策和指导原则鼓励企业积极承担社会责任以此提高企业的社会形象和社会信誉。在公司治理方面，中国政府推动企业建立更为透明和负责任的治理结构，包括加强董事会的独立性和多样性、改善信息披露质量、提升企业决策的透明度和合规性。政府还鼓励企业在内部建立有效的风险管理和内控机制以提高企业的管理水平和市场竞争力。通过一系列政策和措施的实施，中国企业的 ESG 表现得到了显著提升，不仅有助于提高企业的国际竞争力和吸引全球投资，也对推动中国乃至全球的可持续发展产生了积极影响。随着中国在全球经济中的地位日益提升，中国企业在 ESG 方面的表现将继续受到国内外市场的高度关注。总体而言，全球 ESG 概念的提出和中国国内 ESG 政策的发展共同推动了中国企业在环境保护、社会责任和公司治理方面的积极转变，体现了中国对全球可持续发展趋势的响应，同时也标志着中国企业在全球经济中逐渐增强的责任感和影响力，未来中国企业的 ESG 实践将继续提升，为全球经济与环境的可持续发展作出更大贡献。

5.2 中国绿色发展战略

基于中国特色的绿色发展理念，近年我国政府稳步推进绿色低碳转型发展战略。面对极端天气气候事件和气候问题对能源安全、农业种植和经济发展的影响，中国将应对气候变化问题纳入到国家战略和顶层设计中。2022 年，国家发展和改革委和国家能源局发布了《关于促进新时代新能源高质量发展实施方案》，明确了到 2030 年风电、太阳能发电总装机容量达到 12 亿千瓦以上的目标，并制定了21 项具体实施方案。此外，科技部等部门联合发布的《科技支撑碳达峰碳中和实施方案（2022—2030 年）》提出了实现重点行业和领域低碳关键核心技术重大突破的目标，支持单位国内生产总值二氧化碳排放比 2020 年下降 18%，单位国内生产总值能源消耗比 2020 年下降 13.5% 的目标。此外，中国在 2021 年和 2022 年进一步完善了可持续金融政策，在绿色金融、普惠金融、金融监管等方面出台了多项政策。这些政策涵盖了战略规划、监管要求、指导原则、标准制定、工具提供和实施措施等各个方面，体现了中国对绿色和普惠金融的全面重视。在绿色金融方面，2022 年，中国银保监会发布了《银行业保险业绿色金融指引》以加强对银行业和保险业在绿色金融方面的监管。同年，中国证监会发布了《碳金融产品》行业标准，为碳金融产品的分类和实施提供了具体要求，这标志着中国碳金融标准体系的初步建立。在地方层面，中国在多个省份积极推动了绿色金融政策的发展，例如，《长三角生态绿色一体化发展示范区绿色保险实施意见》《广东省发展绿色金融支持碳达峰行动实施方案》和《深圳市金融机构环境信息披露指引》等地方政策都对绿色金融的探索与实践发挥了重要作用。在普惠金融方面，中国在 2022 年 9 月末的小微企业贷款余额和普惠型小微企业贷款余额均实现的高速增长显示出中国普惠金融的迅速发展。2022 年 1 月，中国人民银行发布的《金融科技发展规划（2022—2025 年）》提出了"数字驱动、智慧为民、绿色低碳、公平普惠"的 16 字原则和 8 大方向的重点工作任务。规划的发布对于推动金融服务的智慧再造、搭建多元融通的服务渠道、打造无障碍服务体系以及提供更加普惠、绿色、人性化的数字金融服务具有重要意义。与此同时，规划还强调了加强金融科技治理，全面提升数字化能力，构建互促共进的数字生态。2022 年 8 月发布的《工业领域碳达峰实施方案》确立了工业领域碳达峰的总体目标和实施框架，并提出了包括深度调整产业、深入推进节能降碳、积极推进绿色制造、大力发展循环经济、加快工业绿色低碳技术变革、主动推进工业领域数字化转型等六大任务。"双碳"目标下，产业结构低碳转型被视为实现"双碳"目标的重点领域。其中《2030 年前碳达峰行动方案》要求工业领域加快绿色低碳转型和高质量发展力争率先实现碳达峰。此外，促进消费端绿色化也被视为实现"双碳"目标的重要方面。2022年，国家发改委等部门发布的《促进绿色消费实施方案》强调市场机制在激励绿色消费方面的作用，提出通过发放绿色消费券、绿色积分、直接补贴、降价降息等方式激励绿色消费并强化政府的支持保障作用，建设统一的绿色产品标准、认证、标识体系。

　　基于 ESG 新发展理念，中国的 ESG 政策也在近年来得到了显著加强和发展。2012 年，中国银行业监督管理委员会出台了《绿色信贷指引》，对金融机构提出了"环境和社会表现不合规的客户，应当不予授信"的明确要求（陈立峰和郑健壮，2023）。2013 年《中国银监会办公厅关于报送绿色信贷统计表的通知》的颁布，说明我国正式从战略角度布局和规划绿色信贷（Wang et al.，2019）。2014 年《中国银监会办公厅关于印发〈绿色信贷实施情况关键评价指标〉的通知》中量化指标的公布标志着监管体系的进一步形成（Ling et al.，2020）和绿色信贷政策的正式落实（Zheng et al.，2022）。基于一系列绿色金融政策的实施，近年来发布可持续发展报告和 ESG 绩效数据的公司激增，企业不仅面临更为严格的可持续性和社会责任审查，同时 ESG 评分或评级也将直接影响上市公司的投资决策、融资成本甚至股价波动。自 2015 年以来，中国政府在推动可持续金融方面做出了重要的战略规划，其中包括绿色金融和普惠金融。绿色金融特别受到重视，这得益于 2016 年发布的《关于构建绿色金融体系的指导意见》，该指导意见明确了中国绿色金融体系的发展方向并将其纳入国家战略体系。2015 年，修订后的《环境保护法》正式施行，提升了企业环境合规性的同时倒逼企业加强环境规制与环境保护信息披露水平（李志斌等，2022）。2016 年底出台的《环境保护税法》进一步提高了企业环保投入（Liu et al.，2022；田利辉等，2022），加速了重污染企业绿色转型（于连超等，2021；王禹等，2022）。2021 年 12 月，生态环境部印发的《企业环境信息依法披露管理办法》首次明确提出了碳信息披露的要求，并且配套具体格式准则，对企业相关的环境信息披露在披露主体、披露内容和时限、监督管理以及罚则等方面都提出了更加详细、明确的要求，引导企业采用对环境友好的生产经营方式。

5.3　中国绿色债券与碳交易市场

近年来，在一系列绿色政策指引下，中国绿色债券和碳交易市场的建立和发展是实现绿色发展和生态文明建设目标的关键举措。绿色债券作为一种创新金融工具，为环保项目和可持续发展提供了稳定的资金来源。这些债券的资金专门用于资助各种绿色项目，如可再生能源开发、节能减排技术、绿色交通和建筑等，这些项目对减少环境污染、改善空气质量和促进生态保护具有重要意义。通过发行绿色债券，中国不仅为国内的绿色项目提供了资金支持，还向全球投资者传递出中国对绿色、低碳发展的郑重承诺。

5.3.1　绿色债券市场

2016 年起，中国绿色债券市场的快速发展标志着中国在绿色金融领域的重大进步。作为全球最大的绿色债券市场之一，中国的绿色债券市场在促进环境保护和可持续发展方面发挥着关键作用。绿色债券的资金主要流向了各类环保和绿色项目，如清洁能源发展、节能减排技术、污染防治措施以及生态保护与恢复工作等，对于应对气候变化、改善空气质量、促进生物多样性保护等方面都具有重要意义。中国绿色债券市场的蓬勃发展，为企业和政府机构提供了获取资金的新渠道也有助于推动整个经济体向低碳、环保的方向转型。通过发行绿色债券，不仅可以为绿色项目提供资金支持，还能够吸引那些关注可持续发展的投资者。金融创新有效缓解了环保项目在传统金融机构中融资的难题的同时为投资者提供了参与绿色经济、实现财务回报和环境效益双重收益的机会。此外，中国绿色债券市场的发展也促进了绿色金融工具和产品的创新。随着市场的成熟和完善，越来越多的金融机构开始设计和推出各种与绿色经济相关的金融产品和服务，相关产品满足了市场对绿色投资的需求，也推动了金融市场的多元化和创新。与此同时，绿色债券市场的发展还有助于提高公众对环境保护和气候变化问题的认识，促进社会各界对绿色经济可持续发展的参与。

191

5.3.2　碳交易市场

中国碳交易市场的建立和运行标志着中国在实现"双碳"目标和应对全球气候变化方面迈出的关键步伐。自2013 年开始的试点阶段到 2021 年全国市场的正式启动，中国碳交易市场已成为世界上最大的碳市场之一。中国碳交易市场的核心机制是通过设定碳排放上限并允许企业在此框架内买卖排放权，从而激励企业减少温室气体排放。这种市场化的手段为中国的碳减排策略提供了强有力的支撑，同时也为全球碳市场的发展和完善提供了宝贵经验。碳交易市场的运作机制促使企业重视碳排放量的管理，激励他们寻求更加节能和环保的生产方式。对于超过排放上限的企业，需要在市场上购买额外的排放权，有效地将碳排放成本内部化迫使企业在经济成本和环境责任之间找到平衡。此外，对于那些能够有效减排并低于配额的企业，可以通过出售多余的排放权获得经济收益，从而进一步激励企业投资于清洁、低碳技术。中国碳交易市场的建立还进一步促进了相关行业的低碳转型。通过市场机制，企业被鼓励采用更加节能高效的生产技术，提高能源使用效率，减少碳排放的同时也为低碳技术的研发和应用创造了市场需求，推动了清洁能源、节能环保技术等产业的发展。中国碳交易市场的深入发展必将进一步推动中国乃至全球的低碳经济转型，市场化的碳排放管理机制不仅有助于中国实现其碳达峰和碳中和的目标，也为全球气候变化治理作出了重要贡献。在未来，随着碳市场规则的完善和交易机制的成熟，中国碳交易市场将继续在全球碳减排努力中发挥重要作用，成为全球应对气候变化的重要平台。

5.3.3　前景展望

中国绿色债券市场和碳交易市场的建设与发展显著体现了中国在推动绿色金融和实现"双碳"目标方面的坚定

决心及创新精神。中国绿色债券市场和碳交易市场不仅是中国应对气候变化、推进生态文明建设的重要举措，也代表了中国在全球环境治理中扮演的积极角色。通过市场化机制，中国成功地将环境保护与经济发展紧密结合，引导和激励了社会资本投入到绿色、低碳项目中。绿色债券市场的发展为环保项目提供了稳定和持续的融资支持，促进了绿色经济和可持续发展领域的创新与增长，为投资者提供了参与绿色转型、实现环境效益与经济效益双赢的机会的同时也帮助了企业和政府机构在减轻环境影响方面做出了实质性的贡献。碳交易市场则通过市场机制有效推动了企业减排，激发了低碳技术的创新和应用，促进了企业提升能源利用效率，还推动了清洁能源和环保技术行业的发展，为中国乃至全球的低碳经济转型提供了强有力的支持。随着中国绿色债券市场和碳交易市场的持续成熟和完善，将进一步加强中国在全球绿色金融和碳减排领域的领导地位。中国绿色债券和碳交易市场的成功运作为全球其他国家和地区提供了宝贵的经验和参考，有助于推动全球范围内的绿色发展和气候治理。在未来，中国绿色债券市场和碳交易市场将继续发挥重要作用，推动中国乃至全球经济向更加绿色、可持续的方向发展，为全球生态文明建设和应对气候变化做出更大贡献。

5.4 深入践行中国绿色发展理念下的
企业数字化转型

5.4.1 中国数字化转型发展战略

中国政府针对企业的数字化转型推出了一系列具有前瞻性的政策和计划,旨在全面推动国内企业特别是中小企业在数字化时代的发展和竞争力提升。数字经济政策不仅聚焦于技术的应用和创新,也涉及企业运营的各个方面,包括管理、生产、服务以及市场开拓等。我国从 2012 年开始提出的"数字技术运用"为数字化转型奠定了基础(翟华云和李倩茹,2022)。财政部和税务总局于 2014 年发布《关于完善固定资产加速折旧企业所得税政策的通知》,通过政策的靶向性及信号传递作用激励了企业数字化转型(陈中飞等,2022)。2015 ~ 2016 年间中国提出多项以"互联网"技术为主导的实体经济数字化转型产业政策方案,为企业数字化转型提供了实现路径(翟华云和李倩茹,2022)。其中"互联网 +"行动计划作为中国政府促进企业数字化转型的重要举措之一,自 2015 年推出以来已成为推动传统产业数字化转型的主要驱动力之一。该计划强调利用互联网、大数据、云计算等现代信息技术，以创新企业的运营模式和生产方式，涵盖了制造业、农业、能源、金融、公共服务等多个重要领域，此举不仅加速了传统产业的数字化进程也催生了新的商业模式和服务模式。例如，"互联网＋"在制造业的全面实施促进了智能制造和工业互联网的发展，提升了生产效率和产品质量，而互联网技术在农业领域的普及应用进一步实现了精准农业和智慧农业，还提高了农业产出效率和可持续性。随后2017年《国家新一代人工智能发展规划》的实施为中国企业在人工智能领域的发展指明了方向，不仅提出了到2030年建成世界主要人工智能创新中心的宏伟目标，更加重视人工智能技术在提升企业产品和服务智能化水平上的作用。上述一系列数字化转型规划与布局显著提升了企业在数据分析、自动化决策、智能制造和智能服务等方面的能力，为企业带来了效率和创新的双重提升。例如，通过人工智能技术，企业能够实现对大数据的高效分析和利用，更精准地把握市场需求，创新产品设计和服务方式。为支持中小企业的数字化转型，2019年《关于促进中小企业健康发展的指导意见》提出了增强中小企业数字化转型服务能力，加快推进中小企业数字化应用场景建设的目标。该指导意见着眼于解决中小企业在数字化转型过程中资金、技术、人才等方面的问题，鼓励中小企业利用数字技术优化业务流程、开拓市场和创新商业模式。此外，指导意见还强调了为中小企业提供数字化转型的支持和服务，帮助这些企业克服技术和市场障碍，实现快速而有效的转型。"十四五"规划为企业提供了发展数字化业务的广阔空间和强大动力，促进了传统产业与新兴数字技术的深度融合，推动了产业结构的优化升级。2021 年，国务院印发了《"十四五"数字经济发展规划》，更是将数字化转型上升为国家发展战略，明确指出推进产业数字化需要依托企业来实现。

中国政府在推动企业数字化转型方面的政策支持展现了其对未来工业 5.0 发展趋势的深刻洞察和前瞻性规划。中国数字化转型政策不仅聚焦于技术的发展和应用，也涵盖了市场环境的改善、人才培养、资金支持和法规制定等多个方面，旨在为企业创造一个有利于数字化转型的综合环境。数字化转型已成为中国企业实现长远发展的关键路径，中国政府在这一进程中扮演了重要的推动者和支持者的角色。一方面，数字化转型政策为中国经济的结构优化和产业升级提供了强大动力，政府有效地激发了企业的创新潜力和市场竞争力，加速了传统产业的数字化改造和新经济模式的培育，对于提升中国企业参与全球工业 5.0 的市场竞争具有深远影响意义。另一方面，数字化转型不仅是企业发展的需求，也是整个工业 5.0 经济体系升级的核心组成部分，推动中国经济从制造为主向创造为主的转变，进一步提升中国在全球经济中的影响力和竞争力。数字技术日益成为全球经济增长的关键驱动力的背景下，中国企业通过数字化转型不仅能够提升自身的运营效率和产品质量，还能够创新业务模式及拓展新的市场空间。例如，通过引入先进的数据分析和人工智能技术，企业能够更准确地洞察市场需求，优化产品和服务，从而在激烈的全球市场竞争中获得优势。企业数字化转型成为我国未来工业 5.0 发展战略的关键布局，同时反映了中国政府对于新经济形态的重视和对未来发展趋势的深刻洞察。数字化转型的核心目标是企业通过引入和应用现代信息技术，从而在可持续性、以人为本、工业韧性等多个层面上实现质的飞跃。其中包括通过数字化手段提高管理效率、优化运营流程、创新业务模式，以人为本提升企业的可持续性与工业韧性。为实现这一目标，中国政府近年也制定并实施了一系列相关政策或具体举措，包括资金支持、技术研发、人才培养、市场准入、数据安全和隐私保护等。政府通过财政资金和税收优惠等手段为企业提供数字化转型的经济支持的同时通过法律法规和标准指导，为企业的数字化转型提供了规范和方向。此外，我国政府积极推动与国际技术合作，引入先进的数字技术和管理经验，为企业提供学习和模仿的机会。随着数字化转型政策的不断实施和深化，预计中国企业的数字化水平将进一步提升，为全球数字经济的发展贡献更多的力量。数字化转型为企业的可持续发展提供了新的动力，帮助企业在资源利用、环境保护和社会责任方面实现更好的绩效。通过持续推动数字化转型，中国企业将能够更好地适应和引领全球工业 5.0 发展的新趋势，为全球数字经济的繁荣和进步作出积极贡献。

当前全球数字经济高速发展的宏观背景下，中国已然站在了数字经济转型的时代前沿，因此有必要更为全面深入地践行绿色发展理念下的企业数字化转型战略。中国政府正在推动经济结构向更高效、更环保、更智能化的方向发展，此战略既是对全球环境挑战的积极回应，也是对国内经济可持续发展的主动抉择。中国的数字化转型发展战略并不是孤立存在的，而是与国家的整体发展蓝图紧密相连，是"新时代中国特色社会主义"建设的重要组成部分。数字化转型战略框架下，企业被鼓励采用先进的技术，如人工智能、云计算、IoT 和大数据等以实现生产模式的创新和生产效率的提升。与此同时，绿色发展理念为这一战略注入了新的活力。绿色发展不仅要求企业实现经济效益，还要确保环境效益和社会效益的和谐统一，意味着企业在数字化转型的过程中不仅要追求技术创新和市场竞争力，还要充分考虑其对环境和社会的影响。通过引入绿色技术和绿色生产模式，企业可以在数字化转型的同时降低对环境的影响，为社会的可持续发展做出贡献。此外，政府的引导和支持也为企业数字化转型提供了有力的保障。从政策扶持、资金投入到人才培养，政府都在为企业创造一个良好的数字化转型环境，特别是在一些关键领域，如新能源、智能制造和智慧城市等，政府更是加大了投入力度，催生了一系列重大的数字化项目。中国的企业也正在积极响应政府的号召，全面投入到数字化转型的实践中。无论是大型国企还是中小企业，都在努力探索符合自身特点的数字化转型道路。企业通过自主研发及合作研发将先进的技术应用到生产、管理、销售等各个环节中，以实现绿色、高效、智能的生产模式。中国的数字化转型发展战略对全球经济复苏也具有深远意义，向世界展示了如何将现代科技与传统文化相结合，如何在追求经济发展的同时保护环境和社会和谐，不仅是中国的探索，也为其他发展中国家提供了有益的参考。

5.4.2 绿色发展理念下的企业数字化转型与 ESG 表现

随着我国市场经济的发展深入和企业经营环境的日益复杂化，企业绩效测评的重要性和多样性已然凸显，绿色发展理念下的企业绩效测评更是成为我国未来工业 5.0 战略规划的核心部分。在传统量化指标方面，财务指标提供了企业经济健康状况的直观视图，帮助管理层和投资者理解企业在市场中的财务表现，财务指标的分析和比较对于企业战略规划和日常管理决策至关重要。其中包括营业收入、利润率、资产回报率、股东价值增加等关键指标，财务指标综合反映了企业的盈利能力和资本运用效率。例如，营业收入和利润率直接关联到企业的销售业绩和盈利能力，资产回报率和股东价值增加则更多地体现企业长期的财务健康和增长潜力，库存周转率、应收账款周转率和生产效率能够有效识别和解决运营中资金回收方面存在的瓶颈问题。因此对财务指标的分析不仅有助于企业优化内部流程，提高资源利用效率，还能够提升整体运营的灵活性和响应速度。然而，单纯依赖财务数据已不足以全面评估企业的绩效，多元化测评体系包括运营效率、市场竞争力、技术创新能力等多个维度，能够为决策提供更加全面和深入的数据支持。多元化绩效评估使企业能够更准确地识别自身的优势和不足，有助于管理层制定更为高效的战略规划和运营策略。例如，市场竞争力评估、技术创新能力、员工满意度和客户满意度等绩效指标构成了更为多元化的综合企业绩效测评体系。其中，市场竞争力评估通过市场份额、品牌影响力和客户忠诚度等指标，对于理解企业在激烈的市场竞争中的表现至关重要；技术创新能力的评估则通过研发投入、专利数量和技术转化率等指标，反映了企业在新产品开发和技术创新方面的竞争力。因此，越来越多的企业开始关注综合运营效率，多元化绩效评估能够优化企业内部流程以及提升其运营效率。

工业 5.0 是包含了技术人性化、工业生态链与可持续发展等绩效的全新工业发展模式。随着工业 5.0 技术的日益成熟，企业可以通过更加精准的数据分析提升绩效测评的质量和效率。中国企业绩效测评的不断进步和完善是市场经济发展和企业管理创新的综合体现，不仅有助于企业在竞争激烈的市场中保持竞争力，还为企业提供了持续改进和发展的动力。随着企业经营环境的日益复杂化，特别是在数字经济与绿色经济融合发展的工业 5.0 发展情境下，更多非财务绩效的测评体系正在不断地更新和完善，为此企业也需要适应新的发展趋势。在非财务绩效方面，环境保护、社会责任、数字化转型开始成为现代企业绩效测评的重要组成部分，对于提升企业的社会形象和长期发展至关重要。虽然企业数字化转型的非经济效应尚未明确，但是社会对绿色可持续发展的呼声越来越高，因此将绿色发展理念融入企业数字化转型战略已成为刻不容缓的任务。企业通过数字化转型引入先进技术优化生产流程，能够降低能耗和排放，企业可以在数字化转型的过程中逐步减少对环境的负面影响，提升资源利用效率。进一步，企业的社会责任和环境保护纳入绩效评估体系后，ESG 表现成为衡量其可持续发展绩效的关键指标（解学梅和朱琪玮，2021；陈立峰和郑健壮，2023）。绿色发展理念强调经济社会与环境保护的协调统一，而能够衡量公司或商业投资中影响可持续性"最核心"的三方面因素的 ESG 评分或评级已经逐步被纳入投资者与管理层的决策行为中（操群和许骞，2019）。就股东利益最大化目标而言，企业提升 ESG 表现仍普遍存在内生动力不足与外部监管困难等问题。当数字化转型嵌入到企业内部治理结构中，数字技术虽然为企业解决环境问题提供了更多可能性，但不代表企业仅从技术角度或单一路径就能实现高效的绿色治理模式，如何通过数字化变革的契机提升企业 ESG 表现值得深思。通过加强内部治理，提高 ESG 信息透明度，加强与利益相关者的沟通等 ESG 实践，企业更容易在数字化转型过程中赢得社会的信任与认可。中国企业数字化转型对 ESG 绩效的正向影响作用已较为充实，例如，陈等（2023）、严和韩（2023）、钟等（2023）、胡洁等（2022）、王晓红等（2023）、王运陈等（2023）的实证研究已经验证了中国上市公司数字化转型对 ESG 绩效的正向关系。这说明，中国特色的绿色发展理念下，企业数字化转型与 ESG 表现已经呈现出紧密而有力的正相关关系。为此，企业的数字化转型战略应以 ESG 测评体系为导向，确保数字技术创新不仅带来经济效益，还要符合社会和环境的双重标准。工业 5.0 强调了人、机器与环境的和谐共生，这与绿色发展理念高度契合，因此工业 5.0 时代的企业数字化转型与 ESG 实践融合将更为紧密，企业应全面审视自身的数字化转型战略，确保其与 ESG 目标相符。企业通过深入挖掘数据价值优化 ESG 策略，提高运营效率的同时降低对环境的影响，实现经济、社会和环境的共赢。企业数字化转型与 ESG 表现都被视为作为重要的工业 5.0 绩效指标，相关测评体系必将随着市场和技术的发展进一步精细化、智能化，而中国企业的 ESG 评分或评级数据库必将成为未来经济可持续发展战略的核心工业级数据库。下文选取中国工业 5.0 的典型案例，基于 ESG 评分探析中国企业的数字化实践逻辑。基于绿色发展理念下的企业数字化转型与 ESG 表现的正相关关系，提出以下实践启示与决策建议。首先，应多措并举鼓励数字经济与实体经济的融合，为企业进行数字化转型营造积极良好的外部市场环境，同时引导企业利用数字技术增强企业 ESG 能力，积极投入 ESG 实践。其次，企业应缩小企业内部薪酬差距，通过改善企业内部的收入分配状况推进共同富裕，进而提升数字化转型的非经济价值创造。尤其对上市公司而言，更应构建科学的薪酬激励制度及薪酬监督制度，鼓励管理层通过数字化转型提升企业 ESG 表现的同时严防薪酬过快增长。最后，企业应进一步加强内部控制与监督，将数字化转型战略嵌入到企业内部治理结构及管理制度中，融合内部控制及薪酬激励机制以提升企业的 ESG 表现。总体而言，新冠疫情冲击为数字经济发展按下了加速键，企业对数字化的认知被迅速唤醒，企业要抓住数字经济带来的机遇，积极引入前沿数字技术，并将数字技术深度应用于企业生产经营活动的各个环节。

5.5 基于 ESG 发展理念的中国工业 5.0 案例

5.5.1 中远海控 ESG 管理[①]

纵观国内上市公司 ESG 评分及评级的主流数据库，摩根士丹利资本国际公司（MSCI）数据库中 ESG 评分最高的企业为中远海控（COSCO Shipping Holdings Co.，Ltd.），其 ESG 管理主要体现在推动绿色制造、绿色航运和绿色办公方面。中远海控董事长、总经理牵头的安全生产和生态环境保护委员会统筹领导和协调推动环境管理战略目标与工作计划，积极完善环境管理制度，以国家最新环境管理

---

① 温家琪. ESG 理念的行为响应及响应效果研究——以中远海控为例［D］. 呼和浩特：内蒙古财经大学，2022. DOI：10.27797/d.cnki.gnmgc.2022.000291.

政策为引导结合公司实际情况制定和持续修订内部环保专项制度。2022年，中远海控对《节能减排管理制度》《固体废弃物防止污染法》《危废管理制度》《废气排放管理规定》等制度进行了修订。作为低碳环保的先行者，中远海控持续加快打造绿色低碳船队、建设绿色低碳燃料供应链保障体系、优化船队能效管理以适应新环保规则。中远海控主动引领行业加快绿色低碳转型，发布《推动靠港船舶使用岸电倡议书》，向各港口码头、各航运企业倡导港航业推进岸电设施建设和使用，共同为绿色低碳航运建设作出努力。中远海控在绿色航运方面已经取得显著成就，其中700TEU级的电动集装箱船是全球动力电池容量最大的船舶，该船舶采用换电模式实现全程纯电航行，每艘700标准箱船每年可减少大约2300吨的二氧化碳排放。700TEU级电动集装箱船不仅提升了绿色航运的技术水平，还有助于推动中国形成以电动船舶设计建造产业为龙头的绿色船舶研发生产体系。中远海控的700TEU级电动集装箱船项目获得了多项荣誉和认可，包括被工信部认定为高技术船舶科研项目，在金砖国家工业创新大赛中荣获三等奖，以及在联合国工业发展组织举办的全球方案征集活动中荣获绿色增长赛道冠军。为进一步推动船舶新能源应用的发展，中远海控牵头成立了"绿水零碳项目组"，旨在打造内河、沿海船舶电动化能源基础体系，解决纯电动船的经济性和续航能力问题，为电动船大规模、商业化推广奠定了坚实的基础。2023 年 9 月，"中远海运人马座"轮成功在鹿特丹加注生物燃料标志着中远海控在绿色低碳转型进程中又迈出重要一步。

随着信息技术的快速发展和全球经济的不断，航运业正面临着数字化转型的重要机遇。数字化转型不仅可以提高航运业的效率和安全性，还可以为航运企业带来更多的商机和竞争优势。近年来，我国加快航运数字化转型以推进智能航运技术应用，不断塑造航运发展新动能新优势。中远海控坚持航运回归服务本质，围绕客户需求，充分利用全球网络优势资源，坚持数字化驱动发展，充分发挥公司内贸电商平台（泛亚电商）、外贸电商平台（SynCon Hub）特色优势，产品吸引力、集聚力和创新力持续增强，实现客户使用便捷性和交互效率的显著提升。中远海控通过全球航运商业网络（Global Shipping Business Network，GSBN）、5G 港口等信息化数字化系统的集成应用，加快航运数字化建设步伐的同时加速公司数字化转型升级赋能。总体而言，中远海控的数字化转型和绿色低碳转型紧密相连，同时服务于 ESG 战略，使其在国内上市公司的 MSCI 评分中遥遥领先。

5.5.2　复星医药 ESG 披露[①]

根据彭博（Bloomberg）ESG 数据库，评分最高的国内上市公司复星医药 ESG 披露不仅体现了其对可持续发展的坚定承诺，也展示了公司在社会责任、创新科技和全球服务方面的积极应对与 ESG 信息披露。复星医药的 ESG 信息披露在 2020 年新冠疫情背景下表现尤为突出，成为检验公司 ESG 发展战略的重要窗口。在 ESG 实践方面，复星医药早期将 ESG 纳入公司治理工作中，建立了由董事会领导的 ESG 委员会和下设的 ESG 工作小组，确保了 ESG 战略在公司运营中的全面落实。此外，公司还拥有完善的反腐败制度和体系，通过独立的廉政督查部门以及培训、审计等方式保障公司内外部利益相关方的合规性，体现了复星医药在公司治理方面的高标准和严格要求。在新冠疫情期间，复星医药展现了强烈的社会责任感，利用其全球化布局和科研创新能力，积极参与预防、检测和治疗新冠病毒的创新产品矩阵开发。复星医药获德国百欧恩泰公司授权在中国境内及港澳台地区独家开发及商业化基于 mRNA 技术平台研发的新冠疫苗，复星医药还与真实生物达成战略合作

[①]　赵晓婷，古华. 上市公司复星医药 ESG 信息披露分析［J］. 老字号品牌营销，2023（21）：151 – 153.

联合开发并商业化阿兹夫定片，是中国自主研发的首款获批上市的口服小分子新冠肺炎药物。检测方面，复星医药控股子公司复星诊断是国内同时取得新冠核酸和抗原试剂注册证的双证企业之一。除了在疫情防控上的突出贡献，复星医药还积极回馈社会，助力乡村振兴。复星医药致力于提高偏远乡村地区的医疗水平，通过开展"手拉手 乡村医疗人才振兴计划"提高基层公共卫生服务质量和水平，助力推进乡村健康发展。复星医药的一系列举措不仅凸显了其在公益事业上的深厚投入，也体现了复星医药在推动社会和地区平衡发展方面的重要作用。2021 年，复星医药联合复星公益基金会设立"星爱 121"专项基金，以健康关爱、科研创新、公益捐赠为三大方向向家庭客户提供全方位全周期健康服务，助力人类战胜疾病。由此可见，复星医药的成就不仅体现了复星医药在科技创新方面的能力，也展示了其在全球卫生危机中的企业社会责任和担当。

复星医药将 ESG 理念融入公司治理的同时通过数字化转型推动创新与可持续发展，展现其行业领导力和社会责任感。复星医药的企业规模与员工队伍的逐渐壮大，公司内部划分了众多部门及小组，小组成员间自然形成了无形的信息壁垒，传统协同管理、信息互通的协作方式弊端日益凸显。为有效提升管理协同效率，复星医药决心展开数字化转型，依据行业及品牌特性积极引入信息化系统。在数字化转型升级的道路上，复星医药勇于革新，逐步实现包括 OA、ERP、学习培训平台、内部论坛、知识管理、生产管理、研发管理、质量管理在内的多个企业级信息化系统的整合与升级。复星医药致力于办公协同提效工具的选型与对比，其中钉钉 Teambition 的融入填补了复星医药数字化跨部门协同方式的空缺，经过两年多的使用和探索，复星医药传统的管理思维逐步得到了改变。钉钉 Teambition 的全面应用加速了企业数字化转型升级，复星医药逐渐在全公司升级周期性项目和部门日常事务的管理系统，优化了绩效改进计划进一步实现企业绩效信息的公开透明。复星医药通过数字化转型推动其业务创新和可持续发展，同时结合 ESG 数字信息披露，确保企业经济增长与社会责任、环境保护相协调，展现出行业的领导力和社会责任感。

5.5.3　新华传媒 ESG 实践

根据上海华证指数信息服务有限公司公布的中国上市公司 ESG 评分，安徽新华传媒股份有限公司（以下简称"新华传媒"）作为国内领先的文化传媒企业获得了 92.93 的最高评分，说明其 ESG 实践在传媒领域也能取得显著成就。新华传媒 ESG 实践不仅体现了对环境的关注和社会责任的承担，更彰显了其在推动文化传媒发展与社会进步中的示范作用，新华传媒积极投身于公共卫生事业，捐赠图书、口罩、消毒液等物资展现了企业的大爱和责任。新华传媒还关注员工发展和福利保障，始终坚持以人为本的原则，重视员工的培养和发展并提供了包括健康体检、工作餐、节日福利等在内的多种福利待遇，创造了和谐的工作环境以及确保了员工的身心健康。在新冠疫情期间，新华传媒开展了线上培训保障员工的职业发展和技能提升不受新冠疫情的影响。新华传媒在疫情期间采取的一系列措施，如员工健康监测、防疫物资准备等充分体现了对员工健康安全的高度重视。推动数字化转型和创新发展方面，新华传媒展现了其在文化产业领域的领导力和创新能力，以文化教育为核心，创新发展新型业态和服务模式，通过利用现代信息技术对传统产业进行全过程、全链条的改造和提升加快构筑面向未来的核心竞争优势。例如，公司推动了"阅＋"新零售、智慧教育、智慧物流等三大创新工程，构建了全周期、全渠道、全媒体的智慧业务体系，不断加快公司数字化转型步伐，打造了持续创新、面向未来的文化产业新生态。上述举措不仅提升了新华传媒的核心竞争力，也为文化产业的发展赋予了新的动力。新华传媒展现了强大的组织能力和社会责任感，面对新冠疫情的严峻挑战，新华传媒迅速成立了疫情防控工作领导小组，通过"一个平台四项制度"应急工作机制构建一套全面有效的疫情防控体系，包括了严格的健康监测和防疫措施，还通过数字化手段对员工的健康状态进行动态跟踪以此确保了零病例的实现。此外，新华传媒在疫情期间积极进行数字化转型，利用线上平台持续为客户提供服务，如通过电商服务和社群电商小程序无接触地提供图书服务，保障了新华传媒业务的连续性的同时为社会提供宝贵的文化资源和服务。进一步，新华传媒以数字化、人工智能、5G 等新技术的发展加速推动数字文化产业的长足进步。为适应时代潮流、满足人们对公共阅读空间内容与服务体验的更高要求，新华传媒临港科技智慧图书馆拥抱科技，以大数据和人工智能为依托全面开启现实与虚拟的"灵境之门"，正式打通线上线下沉浸式互动体验壁垒，将传统公共阅读空间转变为复合多元功能、融入科技元素、凝练视觉符号、传递人文气息的智慧文化空间。此外，新华传媒临港科技智慧图书馆全面聚焦临港高新产业集群，为新区产业和智慧城市量身制定完整且丰富的数字资源知识库，成为名副其实的城市大脑、世界顶尖策源地和凝聚海量数字文化的科学方舟。总体来说，新华传媒以数字化转型为驱动力，深化融合创新与技术应用，全面推进 ESG 实践，致力于实现产业可持续发展，引领传媒行业跃升新高度。

5.6 中国特色的工业 5.0 发展远景

中国特色工业 5.0 的发展远景正朝着将国内制造业的强大潜力与全球工业 5.0 的创新趋势相融合的方向发展，其核心在于实现人与机器的高效协同作用同时强调可持续发展的重要性并推动个性化和定制化生产的进程。这一背景下，中国的做法是将先进的数字化技术与国内庞大且成熟的制造业基础结合起来，创建一个更加智能化、高效率的生产环境。同时特别强调环境保护和资源效率的提高，致力于实现绿色、可持续的工业发展模式。通过绿色发展方式，中国不仅能够巩固其作为全球制造大国的地位，还能在全球工业发展中展现出更多的创新和领导力，标志着中国在全球制造业中的地位日益提升，也展示了中国制造业在迈向工业 5.0 时代的坚定步伐。

中国特色工业 5.0 的发展远景在实现技术与人的协同方面展现出独特的优势和策略。通过集成人工智能、机器人等尖端技术与人类工作者的互动，中国的制造业正朝着更高效、更灵活的生产过程迈进。技术与人的协同作用提升了生产效率，加强了创新能力和适应市场变化的灵活性。同时，工业 5.0 在中国还特别强调可持续发展，重视环境保护和资源的高效利用，推广绿色制造和循环经济理念在中国制造业中已成为一种新趋势，不仅体现在生产过程的每一个环节，更涵盖了产品的整个生命周期，从原材料的选择到废物的再利用。此外，个性化和定制化生产的发展是中国工业 5.0 的另一重要方向，随着消费者需求的多样化，中国制造业正在利用先进的生产技术来满足市场对个性化和定制化产品的需求，这一趋势增强了中国产品在国际市场上的竞争力并推动了创新和设计思维的发展。同时，数字化转型在中国制造业中的加速，通过提升数据处理和分析能力，使企业能够更有效地管理复杂的生产过程和供应链。国际合作与开放创新的策略则使中国能够在全球制造业中保持领先地位，不断引进和吸收国际先进的制造技术和管理经验，其中供应链的优化和技能培训与教育也被赋予了重要的角色，提升生产效率和成本效益的同时确保了员工能够适应快速变化的技术环境，为中国制造业的持续发展和创新奠定了坚实的基础。中国特色工业 5.0 的发展远景体现了对创新与传统的融合，以及对可持续发展的深刻认识。通过上述的工业 5.0 转型，中国不仅在提升本国制造业的全球竞争力方面迈出了坚实的步伐，还在全球工业发展中贡献了独特的中国智慧，独特的发展模式有利于经济的长期增长，更展现了中国在全球工业发展中的责任感和领导力。

综上所述，工业 4.0 到工业 5.0 的演进是一场从技术驱动到人本主义的转变，是数字化技术与可持续发展理念的深度融合。在未来的发展中，我们需要充分发挥技术创新的潜力，推动产业转型升级，实现经济、社会和环境的协调发展。当我们站在工业 4.0 和工业 5.0 的分界线上审视这场工业革命时，我们目睹着一场技术、经济和社会的全面变革。工业 4.0 的兴起标志着数字化、智能化和自动化技术在制造业中的全面应用，它以互联网、大数据、人工智能等先进技术为支撑，彻底改变了传统生产模式，塑造了新的产业生态。从智能工厂到物联网，从数字化供应链到定制化生产，工业 4.0 为企业带来了前所未有的生产效率提升和竞争优势，同时也带来了新的挑战和机遇。然而，随着工业 4.0 的不断深化和发展，人们开始意识到单纯依赖技术的自动化和数字化并不能完全解决所有问题，特别是在面对复杂的生产环境和多变的市场需求时。这促使人们重新思考人与技术之间的关系，提出了工业 5.0 的理念。工业 5.0 不再只是关注技术的发展和应用，更加强调人类的主体性和社会责任感，强调人与机器的协同合作，以实现更加灵活、智能和可持续的生产方式。在工业 5.0 的理念中，人类不再是被动的生产者，而是成为了决策者、创新者和价值创造者。人机协同合作将成为未来生产的主要模式，机器将承担重复性、烦琐的任务，而人类则发挥创造力、智慧和情感的优势，参与到更加复杂和高端的工作中。这种模式不仅能够提高生产的灵活性和适应性，还能够满足消费者个性化、定制化的需求，实现产业的可持续发展。在工业 5.0 的背景下，企业需要不断调整自身的战略布局和管理模式，注重人才的培养和创新能力的提升，以适应新时代的发展需求。同时，企业也需要积极拥抱新技术、新模式，推动数字化转型和智能化升级，不断提高生产效率和产品质量，实现可持续发展。此外，企业还应该积极履行社会责任，关注环境保护、员工福利等方面的问题，促进经济、社会和环境的协调发展。

综合全书的内容，我们可以得出一些关于工业 4.0 到工业 5.0 的结论。这些结论将涵盖工业发展的历史演变、技术应用的案例分析、未来趋势的展望以及在中国绿色发展理念下的企业转型等方面。总体而言，工业 4.0 到工业 5.0 的转变代表着人类社会从数字化时代向智能化时代的跨越，是一场从技术驱动到人本主义的转变，将为我们带来更加智能、灵活和可持续的未来。在这个过程中，我们需要充分发挥人类的创造力和智慧，促进人与技术的融合，共同开创工业发展的新篇章。第一，工业 4.0 的兴起标志着数字化、智能化和自动化技术在制造业中的全面应用，为企业带来了前所未有的生产效率提升和竞争优势。通过经典案例如西门子数字工厂、博世斯图加特工厂等，我们可以看到工业 4.0 已经在全球范围内得到了广泛的应用和认可。这不仅带来了技术创新和生产效率的提升，也为可持续发展提供了新的契机。第二，工业物联网作为工业 4.0 的重要组成部分，正在改变着制造业的生产模式和供应链管理方式。通过案例应用如 Automower 工业物联网割草机、米其林数字化转型等，我们可以看到工业物联网已经在智能制造、供应链管理、云计算等领域发挥着重要作用。然而，随着工业物联网的不断发展，我们也需要关注网络安全和隐私风险、技术标准与兼容性问题等挑战。第三，工业元宇宙作为工业 4.0 向工业 5.0 过渡的重要概念，将数字化技术与实体世界进行深度融合，实现虚拟与现实的无缝连接。通过案例如宝马公司 Omniverse 平台、波音公司智能工厂等，我们可以看到工业元宇宙正在成为推动制造业转型升级的重要力量。然而，要实现工业元宇宙的潜力，我们需要克服技术挑战、推动产业协作和加强政策支持。第四，工业 5.0 强调以人为本、可持续性和工业韧性，旨在实现人机协同、提高生产效率和促进可持续发展。通过案例如 Nvidia、西门子、Clarify 等，我们可以看到工业 5.0 正在成为企业实现可持续商业实践的重要途径。然而，要实现工业 5.0 的理念，我们需要注重技术创新、推动绿色创新和优化供应链生态。第五，结合中国绿色发展理念，我们可以看到中国在推动工业 5.0 发展方面有着独特的优势和挑战。通过案例如中远海控、复星医药、新华传媒等，我们可以看到中国企业在数字化转型和 ESG 发展方面取得了积极的进展。然而，要实现中国特色的工业 5.0 发展，我们需要加强政策引导、促进产业协作和培育人才队伍。

第6章 中国创业板上市公司实证研究

6.1 引　　言

自 2010 年中国制造业和中国经济体量分别达到世界第一和第二以来，能否保持中国经济行稳致远已成为我国重大发展战略，而保持庞大企业群体的可持续发展就显得尤为关键。早在 2005 年，时任浙江省委书记习近平就提出了"绿水青山就是金山银山"的理念。2014 年第十二届全国人大常委会第八次会议通过了《中华人民共和国环境保护法修订案》。党的十八届五中全会全面提出了"创新、协调、绿色、开放、共享"的新发展理念，更是将绿色和创新放在未来发展的核心位置。与此同时，我国金融监管部门不断引入绿色金融的理念，旨在以"绿色信贷"为抓手，通过调整信贷融资结构推动企业绿色转型，实现节能、减排和环境保护。2012 年，中国银监会出台了《绿色信贷指引》（以下简称《指引》），对金融机构提出了"环境和社会表现不合规的客户不予授信"的明确要求。2013 年《关于报送绿色信贷统计表的通知》的颁布，说明我国正式从战略角度布局和规划"绿色信贷"（Wang et al.，2019）。2014 年《绿色信贷实施情况关键评价指标》量化指标的公布，标志着监管体系的进一步形成（Ling et al.，2020）和绿色信贷政策的正式落实（Zheng et al.，2022）。基于一系列绿色金融政策的实施，近年来发布可持续发展报告和 ESG（Environmental，Social and Governance）绩效数据的公司显著激增，企业不仅面临更为严格的可持续性和社会责任审查，同时 ESG 评分或评级也将直接影响到上市公司的投资决策、融资成本甚至股价波动。中国公司治理研究院院长李维安、中国上市公司协会会长宋志平等国内著名专家多次强调 ESG 的本质为绿色治理，以期基于 ESG 的"外来"理念构建我国企业绿色治理的"内在"核心竞争力。那么，《指引》的实施能否促进创业企业的治理模式向绿色治理转型以及促使增量投资转向绿色创新与可持续发展呢？进一步，工业 5.0 与 ESG 理念的融合发展能够在推动数字经济增长的同时确保社会福祉和环境发展的可持续性，进而实现全球经济可持续发展的远景。基于此，探究绿色创新行为对企业可持续发展绩效的影响机制具有十分重要的理论和现实意义。然而，绿色创新对我国未来工业 5.0 发展以及可持续发展目标的影响机制的黑箱尚未打开。工业 5.0 视野下，本章借鉴了宋等（Song et al.，2022）、陈等（Chen et al.，2024）的研究，选取绿色创新与 ESG 表现作为重要的工业 5.0 绩效指标。

纵观国内创业板上市公司绿色绩效方面的已有研究成果，存在似乎矛盾的研究结论。一方面，李维安等（2019）研究指出，创业板上市公司的"绿色治理指数"为三大上市板块中最低。另一方面，方先明和那晋领（2020）研究却发现，创业板上市公司能够获得主板企业所不具备的绿色创新溢出，其绿色创新导向更加凸显。因此，以下两个问题亟待进一步研究。其一，作为创新驱动的创业板公司，它们的绿色创新活动能否对其所面临的资源限制作出正确的回应，以寻求更有效的生产经营方式？其二，创业企业的创新方式和行为能否有效促进其可持续性发展，又在多大程度上是由外部因素驱动的？简言之，本章旨在通过剖析《指引》对创业企业绿色创新及 ESG 绩效的影响机制及效应，为我国未来的绿色经济发展提供实证依据及决策支持。

6.2　文　献　综　述

由于环境恶化和全球变暖，全球气候变化已成为 21 世纪人类面临的最大挑战之一。进入 21 世纪以来，各国陆续实施可再生能源法规以促进企业的相关专利申请及绿色技术创新活动（Johnstone et al.，2010）。作为最大的发展中国家，中国政府积极出台各项措施激励企业从事绿色创新并将生态文明建设评估纳入政府绩效评估之中。在一系列绿色法律法规中，《指引》作为一种典型的新型金融工具，试图通过调整信贷结构与融资约束促使企业开展绿色创新活动以推动企业绿色转型。但遗憾的是，相关研究却得出以下三种不完全一致的结论。其一，郭等（Guo et al.，2019）基于 2007～2016 年间中国 30 个省份的数据发现，"绿色信贷"对绿色创新行为具有正向作用且区域集聚效应显著。陈等（Chen et al.，2019）基于 2012～2017 年中国 24 家环保上市公司的研究也证实"绿色信贷"与企业研发水平之间存在正向但非线性的关系；其二，王等（Wang et al.，2019）、凌等（Ling et al.，2020）及丁杰和胡蓉（2020）的研究结果却表明，《指引》的实施未能促使重污染企业的技术改造与绿色转型；其三，王馨和王营的研究发现，《指引》能促进我国 A 股上市公司绿色创新的数量，但不能提升其绿色创新的质量（王馨和王营，2021）。此外，由于国内对 ESG 体系的相关概念、认知尚未统一（操群和许骞，2019），同为重要绿色绩效的 ESG 评分的量化研究却较少。例如，张等（Zhang et al.，2020）的研究发现企业对待 ESG 评级的积极性与创新绩效呈正相关关系，但统计对象为 224 家上市公司的 433 个观测样本，也未做绿色创新子分类研究。综上所述，以下两个问题亟待我们深入研究，即《指引》能否诱发绿色创新行为进而带动其 ESG 绩效？绿色创新行为与 ESG 评分之间是否存在内在作用机理？

《指引》对绿色绩效之所以产生上述三种不同的作用及效应，既可能是由以下三种内在逻辑所导致，也可能是研究对象不统一或研究方法不科学而形成。

首先，"绿色信贷"对企业的绿色绩效具有潜在的积极作用，主要可归纳为以下三方面的原因。第一，根据利益相关者理论（Freeman，1984），不仅银行作为重要的利益相关者会影响公司的创新行为，而且公司的股东与债权人，甚至员工与客户也会影响其创新行为和经营绩效。具体而言，由于银行倾向于通过信息强制披露来控制由信息不对称所带来的决策风险（Colquitt et al.，1997），而 ESG 绩效又是衡量公司或商业投资中影响其可持续性"最核心"的三方面因素（操群和许骞，2019）。因此，银行更愿意向环境和社会责任信息披露较多的公司提供贷款。另外，ESG评级较高的公司可吸引更多高素质员工，从而提高员工的劳动生产效率（Boyle et al.，1997）并有效减少能源消耗及提高其运营效率（Aras & Crowther，2008）。尽管企业与政府之间就环境保护、社会责任等是否会一致尚存在争议（Jahn & Brühl，2018），但多数学者认为，环境污染、社会责任和公司治理等 ESG 问题均会影响员工及企业所在社区的利益（Lee et al.，2020），造成企业不同的社会形象，进而影响企业的市场价值及长期利益。第二，根据信号传递理论，ESG 评分不仅能够衡量公司年报中相关指标的贡献度及有效性，还能确认公司对待 ESG 评级的积极性（Xie et al.，2019），即企业愿意在社会与环境行动上采取利他行为以及服务于利益相关者的隐性诉求（Lo & Kwan，2017）。这种社会信任能提升企业创新绩效，尤其在当公司治理机制缺位时的促进作用更为显著（顾雷雷和王鸿宇，2020）。第三，目前越来越多的企业正实施基于 ESG 的发展战略，通过围绕 ESG 的三个维度，进行与"标杆公司"的对比和学习，从而规划和定位企业未来的发展方向，不断提高其竞争力与可持续发展。

其次，《指引》之所以有可能对绿色绩效无影响或负向作用，从"有影响力"的利益相关者——银行角度来看，若其倾向于短期贷款的回报，就有可能导致对企业贷款的减少，从而导致绿色信贷政策对绿色创新的无作用或负向作用（Gioia & Corley，2002），且更高的环境和研发方面的投入将不可避免地增加企业的短期财务支出而降低其财务绩效（Boyle et al.，1997）。此外，随着近几年各大可持续发展评级机构（sustainability rating agencies，SRA）和 ESG 数据库的不断涌现，越来越多的公司也开始主动或被动地接受评估（Drempetic et al.，2020）。但由于不同 SRA 评估方式和算法不同，不仅可能导致 ESG 评分或评级存在着极大的偏差和不科学性（Slager et al.，2012；Brooks & Oikonomou，2018；Dalal & Thaker，2019），也可能夸大企业的非财务风险（Perkins & Clementino，2020）。且当错误的 ESG 评分与创新绩效进行回归分析时，更易出现信贷政策对绿色创新无影响或负向作用的研究结论（Garcia et al.，2020）。

再次，《指引》之所以能促进企业绿色创新的数量而不能提升其绿色创新的质量，主要源于研究设计存在的缺陷，即创新度量方式所存在的严重局限性。创新绩效领域的已有研究中，往往采用绿色专利的"申请数量"度量绿色创新（Hall and Harhoff，2012；王馨和王营，2021），客观上忽视了绿色创新质量的度量（Dang and Motohashi，2015；Zhang and Xu，2019）。在未来的研究中应该借助专利的向前引用（被引）数量以更准确地衡量绿色创新质量。

　　最后，上述不同学者对《指引》的影响对象存在显著的不统一性，主要聚焦于 A 股上市公司和重污染企业（Wang et al.，2019；Ling et al.，2020；丁杰和胡蓉，2021），也涉及绿色企业（Zhang and Xu，2019；牛海鹏等，2020）等。其实，成熟型企业和成长型创业企业在《指引》对绿色创新以及 ESG 绩效的影响方面，肯定存在不同的作用机理及效应。根据可持续发展理论，公司的融资成本取决于其长期运营表现。因此，不同类型公司的融资成本存在巨大的差异性，而融资成本又直接影响 ESG 的相关指标（邱牧远和殷红，2019），这就有可能导致《指引》对不同研究对象的绿色绩效影响方面存在极大的差异性；另外，就研究方法而言，创业企业异质性的影响是不可忽视的一个重要因素（余维臻等，2020）。因而，通过工具变量检验内生性问题，结合双重差分（difference in difference，DID）和固定效应（fixed effects，FE）模型来降低面板数据模型设计矩阵中由于解释变量之间存在个体和时间维度普遍相关性而产生的多重共线性，就显得尤为重要。

　　综上所述，尽管已有的研究表明，《指引》可能通过融资结构影响企业的创新活动，但其内在机理并不清晰，尤其对创新驱动的创业企业的作用机制仍待探索。因此，本研究聚焦于创新驱动的创业板上市公司，通过探究绿色金融政策对绿色创新及 ESG 绩效的内在作用机制，为新兴产

225

业的可持续发展与绿色转型提供决策建议。简言之，本章的主要边际贡献可归纳以下三个方面。第一，在理论思想方面，基于可持续发展绩效主要包含财务绩效、环境绩效及社会责任绩效（Ilias et al.，2018；解学梅和朱琪玮，2021），本章探究《指引》通过融资成本对创业企业可持续发展绩效的作用机制，丰富并拓展了 20 世纪末兴起的可持续发展理论，为未来相关领域研究提供更广阔的理论空间。第二，在研究方法方面，借助人工获取专利数据的方法，以绿色专利授权数度量绿色创新的数量，以绿色专利的向前引用数度量绿色创新质量，尝试弥补以往创新量化研究度量方式的局限性。第三，在政策实践方面，基于"绿色信贷"情景下绿色治理的新要求，以绿色创新的视角剖析"绿色信贷"对创业企业可持续发展绩效的作用机制，提供新的实践启示与决策支持。

6.3　研　究　设　计

6.3.1　理论与假设

综观国内外绿色法律法规和政策对企业绿色创新影响

的已有相关研究成果，主要集中在外部环境层面，如宏观政策与利益相关者（Ardito et al.，2019）以及企业融资结构（Mazzucato and Semieniuk，2017）对于创新活动的速度和方向选择等。而针对《指引》及融资结构对企业绿色创新影响的研究中，目前存在以下两种不同的研究结论。一方面，绿色信贷不仅在宏观上能推动绿色经济增长（谢婷婷和刘锦华，2019），而且《指引》的颁布在微观上能显著提高绿色上市公司的融资便利性（牛海鹏等，2020），并对创业型企业的创新呈现显著的非对称性影响（陆菁等，2021），即通过企业创新的收益—成本比为企业创新提供内生动力（谢乔昕和张宇，2021）。另一方面，从企业的债务融资水平的作用而言，《指引》的颁布反而抑制了重污染等类型企业的绿色创新产出（曹廷求等，2021），其主要原因在于，绿色创新是需要大量投资的长期活动，收益周期也要比其他创新活动更长，从而降低了金融机构对缺乏短期经济效益的绿色创新的投资积极性。基于上述分析，本章就绿色信贷政策对创业企业绿色创新的作用提出以下竞争性的研究假设。

假设 H1a：相比于非绿色创新，《指引》的实施促进了创业企业的绿色创新。

假设 H1b：相比于非绿色创新，《指引》的实施阻碍了创业企业的绿色创新。

227

事实上，对创业企业的研究不可回避地面临以下重要的情景因素：由于企业和投资规模都相对较小，这些创业企业更愿意或有可能嵌入到当地的社会环境中，即一方面不断与各类机构、银行、公司等利益相关者建立和加强关系；另一方面，上述关系的加强也往往能帮助其克服其财务及管理方面的弱点，间接影响到绿色信贷政策的实施与落实。这说明，社会环境能促进创业企业和社会之间的行为规范、价值观和信念等的一致性构建（Yoon et al.，2018）。因此，对于创业企业而言，《指引》的实施能推动金融机构积极调整信贷结构（曹廷求等，2021），从而不断提升创业企业在环境、社会责任和公司治理方面的绩效（操群和许骞，2019）。已有的研究也越来越证实，绿色创新能显著提升企业在环境保护、社会责任和公司治理等方面的绩效。首先，绿色创新本身着眼于生态环境友好，因此，绿色创新与环境优化和技术进步都有着直接的相关性（Oltra and Jean，2009）。其次，由于绿色创新活动是在经济和制度的双重压力下驱动的，因此绿色创新能为社会的可持续发展创造更多价值（Saunila et al.，2017），这也就是说，绿色创新不仅能有效提升社会生态环境，同时也能促进企业社会责任的提升（解学梅和朱琪玮，2021；王馨和王营，2021）。最后，从企业管理的角度来看，公司治理的积极性在环境保护积极性和企业创新之间的关系中起着正向调节作用（Zhang et al.，2020），且公司的社会责任活动与治理绩效是可以统一的（Polonsky and Jevons，2009）。以上分析表明，绿色创新对 ESG 的三个维度都具有不同程度的正向作用。因此，本章就绿色创新对创业企业的 ESG 评分提出以下研究假设。

假设 H2：绿色创新提高了创业企业的 ESG 评分。

虽然绿色创新能促进创业企业 ESG 绩效的提升，但对于创新驱动的创业企业而言，其可持续发展绩效的提升究竟更多来自其自身的绿色创新能力，还是受其创新行为以外因素的影响更大，已有的研究尚未有明确的结论。由于创业企业的异质性，这些初创型企业会更多地通过嵌入外部网络以寻求合作伙伴（Dyer and Hatch，2016），以整合各类资源开展创新活动（Engel et al.，2017；鲁喜凤，2017）。尤其在中国的情景下，一方面，存在着民营企业普遍被银行等金融机构"信贷歧视"的事实（刘强等，2020），使得民营企业不得不寻求政治关联以缓减融资困境。同时，陈爽英等（2020）研究也发现，企业家政治关联对企业研发投入影响呈倒"U"型。换言之，创业企业的政治关联有可能成为提升绿色创新及 ESG 绩效的重要驱动力。另一方面，也有研究表明，中国民营创业企业的政治关联不仅抑制了企业的创新投资（黄丽英和何乐融，2020）和创新能力（李新春和肖宵针，2017），也会减少研发投入进而影响企业绿色创新的效率（王惠等，2016），进而可能削弱绿色创新对 ESG 绩效的正向作用。基于上述分析，本章就政治关联在创业企业绿色创新与 ESG 绩效之间的调节效应作用提出以下研究假设。

假设 H3：政治关联强度对创业企业绿色创新与 ESG 评分的正相关关系有调节作用。

除了政治关联的潜在影响，区域创新能力也会在创业企业绿色创新与 ESG 绩效之间起到重要调节效应。其主要原因可归纳为以下两个方面。一方面，当前我国区域创新能力整体呈现非均衡特征（宋帅邦，2020），它不仅会影响着区域经济发展水平（Asheim and Coenen，2005），同时也会深刻地影响着区域金融和绿色金融发展水平（Cornaggia et al.，2015），最终导致我国绿色金融发展水平呈"东高、中平、西低"的分布格局（尹子擘等，2021）。这种差异格局将可能诱发绿色金融政策的非平衡作用机制，使得绿色创新在地理空间上呈显著的正向差异性的溢出效应（孙群英等，2019）。当然也有研究发现，区域创新能力中的"智力"资本对绿色创新无显著作用（Liu et al.，2021）。另一方面，绿色法规政策的实施，不仅会促进企业信贷需求的快速增加（罗知和齐博成，2021），而且会影响重污染企业创新投资选择（张媛媛等，2021），进而提升这类企业的创新效率（刘强等，2020），最终推动区域产业结构的升级。

简言之，我国各地区经济水平和产业结构的差异，引发了《指引》对绿色创新的非平衡作用机制，进而可能通过区域创新能力对绿色创新与 ESG 绩效的关系产生影响。基于此，本章就区域创新能力在创业企业绿色创新与 ESG 绩效之间的调节效应作用提出以下研究假设。

假设 H4：区域创新能力对创业企业绿色创新与 ESG 评分的正相关关系有调节作用。

6.3.2　数据获取和指标计算

根据利益相关者理论，弗里曼等（Freeman et al.，2004）提出企业社会责任（CSR）是社会责任体系中的重要甚至最为关键的因素。企业社会责任的具体表现为公司在"超越"法律所要求的范围内做促进社会公益的活动，也可定义为公司的自愿行为（Park et al.，2014）。考虑到 CSR 的财务价值，相关的量化研究也成为学术界关注的焦点，因为 CSR 高的企业通常会吸引更多消费者，达到投资者财务绩效的期望。本章将使用 CSR 的评分来度量 ESG 分值中的社会因素，评分数据从和讯网披露的上市公司社会责任报告中手工收集整理得到。

借鉴张会丽和陆正飞（2012）、顾乃康和周艳丽（2017）的研究方法，本章从激励、决策和监督三个维度度量公司治理绩效：将高管薪酬与高管持股比例代表公司治理中的激励机制，将董事长与总经理是否两职合一代表总经理的决策权力，将独立董事比例与董事会规模代表董事会的监督作用，将机构持股比例与股权制衡度（第二至第五大股东持股比例之和/控股股东持股比例）代表股权结构的监督作用。根据上述指标，本章运用主成分分析法构建公司治理综合指数。以上财务数据均来自在中国股票市场和会计研究数据库（China stock market & accounting research database，CSMAR）。

进入 21 世纪以来，为防止环境污染及保护生态资源，各国都针对环境污染及能源消耗制定了法律法规。相关研究表明，投资者希望获取平均标准能耗（average standard energy consumption，SEC）替代环境信息披露（Li et al.，2020）。因此，SEC 指标不仅能影响 ESG 评分，也是构建 ESG 算法框架的一个潜在路径（Allison，2021）。由于缺少高质量的公司级环境评估指标，本章参考李佩欣等（2020）的研究，采用行业总标准能源消耗与行业总产值的比值来衡量平均标准能耗，并以此作为量化指标度量行业的环境绩效，测量方法如下：

$$行业平均标准能耗(\text{SEC}) = \frac{行业总能耗(\text{TEC})}{行业总产值(\text{GDP})}$$

为从整体来衡量企业 ESG 绩效，我们分别对 SEC、CSR 和公司治理综合指数（governance，GOV）进行归一化处理转化为 0 - 1 正向指标，即最大值减去指标值再除以序列的级差。由于环境指标为逆向取值，即 SEC 值越大环境表现越差，本章采取 1 - SEC 的方式将其转化为 0 - 1 正向指标。对以上数据都进行标准化处理后，参考汤森·路透（Thomson Reuters）环境、社会与治理三个维度的权重配比，分别乘以各自的权重后相加得到 ESG 总分。

为探究不同创新度量维度的影响效应，基于绿色专利质量和绿色专利数量（见替代变量的稳健性检验）评估绿色创新行为，寻求拓展当前企业创新绩效的量化研究。本章借鉴齐绍洲等（2018），方先明和那晋领（2020），曹廷求等（2021）的方法，依据世界知识产权组织（World Intellectual Property Organization，WIPO）所定义的绿色专利分类进行数据清洗与筛选，并采用专利的授权数衡量创新数量，使用专利的向前引用数衡量创新质量。专利数据来源于国家知识产权局数据库，根据企业和年份人工检索，得到企业每年的专利授权数及专利被引用次数。

本研究模型的调节变量为政治关联强度和区域创新能力指数。政治关联强度方面，我们借鉴朱益宏等（2016）及陈爽英等（2020）有关企业政治关联的度量方法，采用企业高管在中国人大代表或政治委员的最高行政级别作为其代理变量，政治关联强度分为中央、省级、市级、县区级、乡镇和无，依次分别用 5 ~ 0 表示，若同一企业存在多个政治关联则按最高级别筛选；区域创新能力指数通过整理《中国区域创新能力评价报告》披露的各省份每年的创新能力排名得到，排名越高则该指数越小，表示该区域该年度的创新能力越强。

最后，参考以往的研究，我们选取的控制变量包括董事会规模（board size）、股权集中度（ownership concentration）、独立董事比例（independent directors）、资产回报率（return on assets）、市场价值（tobin Q）、企业规模（size）和企业性质（corporation characteristics），以上财务数据均来自 CSMAR 数据库。具体的变量名称、含义及算法详见表 6 – 1。

234

表 6 – 1   **变量定义**

变量类型	变量名称	变量代码	测量方法
因变量	ESG 评分	ESG	从环境、企业社会责任和公司治理水平三个方面衡量，加权计算得出的正向指标
自变量	绿色专利授权数	GPC	从国家知识产权局数据库手动获取
	绿色专利被引数	GPFC	从国家知识产权局数据库手动获取
调节变量	政治关联强度	PCS	企业家政治关联强度分为中央、省级、市级、县区级、乡镇和无，依次顺序分别从 5 到 0
	区域创新能力	RII	手工整理《中国区域创新能力评价报告》披露的各省份每年创新能力排名

变量类型	变量名称	变量代码	测量方法
	董事会规模	BS	董事会总人数
	股权集中度	OC	第一大股东持股比例
	独立董事比例	ID	独立董事占董事会总人数的比例
控制变量	总资产收益率	ROA	净利润/总资产
	市场价值	Q	市场价值/资产重置成本
	企业规模	SIZE	总资产的自然对数
	企业性质	CC	民营企业为1，其他为0

资料来源：笔者自行绘制。

6.3.3　研究模型

模型（1）和模型（2）分别检验假设1与假设2。其中，模型（1）为ADID模型，相关参数设置与伯特兰学者（Bertrand Scholar，2003）、王等（2019）和叶青等（2012）的研究一致。2014年《环境保护法》立法，同年出台的《绿色信贷实施情况关键评价指标》开始实施量化指标，以期通过融资结构对企业及金融机构产生实质影响，因此，本章选取2014年作为政策的切入点。由于多数《指引》的实证研究都将2012年设为基准点（刘强等，2022；曹廷求等，2021；Yoon et al.，2018），本章借鉴陈国进等（2021）的研究，选取政策时点前两后期（2012～2016年）的连续DID设定进行平行趋势检验，并依据《指引》自2012年颁布以来的动态回归结果，探讨主观选取不同政策时点的差异与趋势。为进一步验证《指引》是否能诱发绿色创新来提升相应的 ESG 评分，本章借鉴张璇等（2019）和曹廷求等（2021）的研究，借助模型（3）探究绿色创新的内在作用机制。

$$GPFC_{i,t} = \beta_0 + \beta_1 Treat_i + \beta_2 Policy_t + \beta_3 (Treat \times Policy)_{i,t}$$
$$+ \gamma Control + \varepsilon_{i,t} \tag{1}$$

$$ESG_{i,t} = \beta_0 + \beta_1 GPFC_{i,t} + \gamma Control + \delta_i + \lambda_t + \varepsilon_{i,t} \tag{2}$$

$$ESG_{i,t} = \beta_0 + \beta_1 Treat_i + \beta_2 Policy_t + \beta_3 (Treat \times Policy)_{i,t}$$
$$+ \gamma Control + \varepsilon_{i,t} \tag{3}$$

本章以绿色专利的被引数量作为衡量绿色创新的代理变量，双重差分基准模型中的实验组虚拟变量为 $Treat_i$（绿色专利样本为 1，其他样本为 0），政策实施虚拟变量为 $Policy_t$（《指引》的量化指标实施即 2014 年后为 1，其他时间为 0），交互项 $Treat \times Policy_{i,t}$ 是我们感兴趣的 DID 交互项。$Control_{i,t}$ 包含全部 7 个控制变量，δ_i 为个体固定效应，λ_t 为时间固定效应，$\varepsilon_{i,t}$ 表示残差。参考以往的研究，我们设定 7 个董事会及财务指标作为控制变量导入模型，以充分评估时间固定效应下不可观测的异质性。

为验证假设 3 和假设 4，我们在模型（2）基础上引入企业政治关联强度和区域创新能力指数并构建模型（4）和模型（5）。其中，系数 β_3 反映了外部因素企业政治关联强

236

度和区域创新能力对绿色创新与 ESG 绩效关系的调节效应。

$$ESG_{i,t} = \beta_0 + \beta_1 GPFC_{i,t} + \beta_2 PCS_{i,t} + \beta_3 (GPFC \times PCS)_{i,t}$$
$$+ \gamma Control + \delta_i + \lambda_t + \varepsilon_{i,t} \tag{4}$$

$$ESG_{i,t} = \beta_0 + \beta_1 GPFC_{i,t} + \beta_2 RII_{i,t} + \beta_3 (GPFC \times RII)_{i,t}$$
$$+ \gamma Control + \delta_i + \lambda_t + \varepsilon_{i,t} \tag{5}$$

6.3.4　描述性和相关性分析

由于 2008～2009 年全球金融危机导致的年度财务数据异常，本章选取 2010～2019 年期间中国创业板上市公司作为研究样本。数据剔除 PT 和 ST 企业后，最终共获得 730 家企业的 4516 个年度观测值。为排除异常值对检验结果的影响，本研究对所有连续变量在上下 1% 的水平上进行了 Winsorize 处理。

从表 6-2 可知，超过 80% 的创业板年度数据为民营企业（CC 的均值为 0.8026）。从标准差来看，除了企业规模（多数创业板公司为民营中小企业），其余变量的标准偏差都显示出足够的差异性。该差异性也更有利于识别出变量之间的关系，例如，政治关联强度的均值为 2.6776，其标准偏差为 2.2478，表明企业间的政治关联存在较大差异。

表 6 - 2   描述性统计

变量	N	均值	标准差	中位数	最小值	最大值
ESG	4516	0.5866	0.1079	0.6049	0.2154	0.8496
GPFC	4516	1.9689	8.1753	1.9836	0.0000	151.0000
PCS	4516	2.6776	2.2478	4.0000	0.0000	5.0000
RII	4516	6.1265	6.0919	4.0000	1.0000	31.0000
BS	4516	8.0029	1.4369	8.0000	4.0000	15.0000
OC	4516	30.8102	12.5070	29.1790	3.0029	81.1839
ID	4516	0.3815	0.0556	0.3750	0.0000	0.7500
ROA	4516	0.0433	0.0810	0.0511	- 0.5491	0.2049
Q	4516	2.3063	1.3560	1.8961	0.8109	20.9107
SIZE	4516	21.2455	0.8175	21.1295	19.2895	25.3419
CC	4516	0.8026	0.3981	1.0000	0.0000	1.0000

资料来源：笔者运用 Stata 软件自行绘制。

我们对所有变量进行膨胀因子分析（variance inflation factor，VIF），未发现多重共线性。另外，表 6 - 3 相关性分析中所有相关系数均小于 0.7，表明所有变量可以有效地被区分。其中 ESG 与区域创新能力指数（RII）之间的相关系数为负（$r = -0.09$，$p < 0.01$），而对于具有其他自变量和调节变量的相关性为正。需要注意的是，调节变量 RII 为反向指标，其数值越低表示该区域的创新能力越高。因此，就过去十年中国创业板上市公司的基本情况来看，ESG 评分、绿色创新、政治关联强度、区域创新能力间均呈正相关关系。

表6-3

相关性统计

变量	ESG	GPFC	PCS	RII	BS	OC	ID	ROA	Q	SIZE	CC
ESG	1.00										
GPFC	0.05***	1.00									
PCS	0.01	0.01	1.00								
RII	-0.09***	-0.06***	0.07***	1.00							
BS	-0.27***	0.02	0.10***	0.08***	1.00						
OC	0.02*	0.01	0.09***	-0.01	-0.11***	1.00					
ID	0.28***	-0.02	-0.05***	-0.05***	-0.66***	0.08***	1.00				
ROA	0.13***	0.01	0.18***	-0.01	0.05***	0.15***	-0.03**	1.00			
Q	0.03*	-0.05***	0.07	-0.02	-0.08***	0.01	0.04***	0.15***	1.00		
SIZE	-0.08***	0.16***	-0.17***	-0.04**	0.09***	0.16***	-0.02	-0.12***	-0.16***	1.00	
CC	0.11***	-0.03*	0.21***	0.01	-0.04***	0.09***	0.02	0.14***	-0.01	-0.12***	1.00

注：***、**和*分别表示在1%、5%和10%的水平上显著。

资料来源：笔者运用Stata软件自行绘制。

6.4 实证分析

图 6-1 和图 6-2 反映了绿色创新与 ESG 评分在 95% 置信区间水平下的平行趋势检验结果。绿色创新与 ESG 评分的交互项系数在 95% 置信区间都包含了 0，表明在 5% 的水平上显著，处理组与对照组在政策实施前均未呈现明显差异。因此，在控制时间固定效应、个体固定效应以及控制变量的情况下，绿色创新与 ESG 评分在量化指标出台以前不存在显著性的差异，满足平行趋势假定。

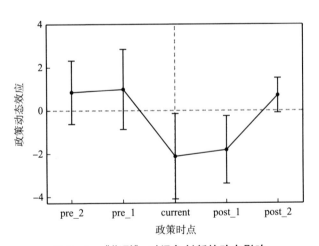

图 6-1 《指引》对绿色创新的动态影响

资料来源：笔者运用 Stata 软件自行绘制。

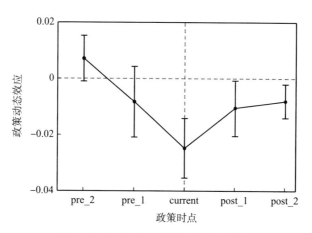

图 6 – 2　《指引》对 ESG 的动态影响

资料来源：笔者运用 Stata 软件自行绘制。

借鉴安慰剂检验原理，政策时点前的交互项 Treat ×
Policy 估计系数不显著是连续 DID 设定的前提假设。表 6 – 4
中绿色创新与 ESG 评分的交互项系数在 2014 年均显著为
负，且在量化指标实施的前两年，模型（1）和模型（3）
中的交互项系数均不显著。若将《指引》的切入点设为
2012 年，创业板上市公司的绿色创新与 ESG 绩效并未呈现
足够的组间差异。以上结果表明，《指引》量化指标的实施
对绿色创新及 ESG 评分均未起到理想作用，客观反映了绿
色信贷政策未能实现促进中国创业板上市公司绿色绩效的
预期目标。如上文所述，银行更专注于投资短期盈利项目，
不愿意投资回报周期长的绿色专利，金融机构也更倾向于
低风险的成熟企业而非高风险的创新驱动型初创企业，
导致创业板公司的绿色创新相较其他创新成果在政策实施

后反而受到抑制作用。而且，创业板公司大多处在企业成长的初级阶段，主要投资及研发重心都集中于主营业务，企业规模决定了其研发投入和产出无法与大型企业相比，因此《指引》难以诱发中国创业板上市公司绿色创新行为。

表 6 - 4   DID 回归结果

变量	模型（1）	模型（3）
	GPFC	ESG
Pre_2	0.790 (0.747)	0.007 (0.004)
Pre_1	0.925 (0.942)	- 0.008 (0.006)
Current	- 2.199 * (1.011)	- 0.025 *** (0.005)
Post_1	- 1.851 * (0.801)	- 0.011 * (0.005)
Post_2	0.461 (0.409)	- 0.008 ** (0.003)
BS	- 0.009 (0.196)	- 0.012 *** (0.001)
OC	0.003 (0.031)	0.000 (0.000)
ID	- 0.852 (4.466)	0.185 *** (0.030)

续表

变量	模型 （1）	模型 （3）
	GPFC	ESG
ROA	− 0. 295 （1. 905）	0. 100 *** （0. 013）
Q	0. 026 （0. 136）	− 0. 003 ** （0. 001）
SIZE	0. 873 * （0. 392）	0. 006 * （0. 003）
CC	− 0. 605 （0. 571）	− 0. 006 （0. 004）
Con.	− 15. 299 （8. 994）	0. 487 *** （0. 061）
Obs.	4516	4516
Adj. R^2	0. 382	0. 760

注： *** 、 ** 和 * 分别表示在 1% 、 5% 和 10% 的水平上显著；括号中的值为标准差。

资料来源：笔者运用 Stata 软件自行绘制。

本章对模型（2）、模型（4）和模型（5）的面板数据采用了豪斯曼（Hausman）检验以评估绿色创新对 ESG 评分的影响机制，其中包含政治关联强度和区域创新能力的调节效应。Hausman 检验结果显示 P 值为 0. 000，即拒绝了随机效应模型的零假说，因此选择固定效应（FE）进行回归分析。统计结果（控制个体和时间固定效应）如表 6 − 5 所示。

表 6 - 5 　　　　　　　　　　　FE 回归结果

变量	模型（2）	模型（4）	模型（5）	模型（2）	模型（4）	模型（5）
GPFC	0.001 *** （6.56）	0.001 *** （3.28）	0.001 （2.29）	0.001 *** （2.93）	0.001 * （1.67）	0.001 （0.97）
PCS		0.002 *** （4.88）			0.004 *** （3.83）	
RII			- 0.002 ** （- 2.54）			- 0.002 （- 1.51）
GPFC × PCS		0.001 ** （3.15）			0.001 * （1.76）	
GPFC × RII			0.001 *** （4.30）			0.001 * （1.80）
BS	- 0.010 *** （- 7.55）	- 0.010 *** （- 7.91）	- 0.010 *** （- 7.40）	- 0.011 *** （- 4.35）	- 0.012 *** （- 4.64）	- 0.010 *** （- 4.16）
OC	0.001 ** （2.13）	0.001 * （1.77）	0.001 ** （2.15）	- 0.001 （- 0.08）	- 0.001 （- 0.41）	- 0.001 （- 0.01）
ID	0.179 *** （5.82）	0.184 *** （6.02）	0.182 *** （5.94）	0.142 ** （2.51）	0.153 *** （2.74）	0.148 *** （2.62）
ROA	0.132 *** （10.45）	0.119 *** （9.35）	- 0.131 *** （10.40）	0.189 *** （6.05）	0.163 *** （5.20）	- 0.187 *** （5.99）
Q	- 0.002 *** （- 3.21）	- 0.003 *** （- 3.68）	- 0.002 *** （- 3.14）	- 0.001 （- 0.37）	- 0.002 （- 0.93）	- 0.001 （- 0.34）
SIZE	- 0.008 *** （- 4.29）	- 0.005 ** （- 2.47）	- 0.008 *** （- 4.25）	- 0.016 *** （- 4.28）	- 0.011 *** （- 2.84）	- 0.016 *** （- 4.22）
CC	0.005 （1.46）	0.001 （0.17）	0.005 （1.41）	0.007 （0.99）	0.001 （0.16）	0.007 （0.98）

变量	模型（2）	模型（4）	模型（5）	模型（2）	模型（4）	模型（5）
Con.	0.749 ***	0.681 ***	0.752 ***	0.962 ***	0.856 ***	0.961 ***
Obs.	4516	4516	4516	1312	1312	1312
Adj. R^2	0.10	0.11	0.11	0.12	0.15	0.13
F	49.07	44.37	42.50	13.38	13.73	11.74

注：*、** 和 *** 分别表示在10%、5%和1%的水平上显著，括号中为 T 值。
资料来源：笔者运用 Stata 软件自行绘制。

表6-5第（1）~（3）列研究对象为创业板上市公司全体样本，第（4）~（6）列研究对象为绿色专利样本。第（1）列与第（4）列报告了模型（2）的回归结果，其中第（1）列回归结果表明全体样本的创新质量能够在1%水平显著提高 ESG 评分，第（4）列的对比结果表明绿色专利样本的创新质量也能在1%水平显著提高 ESG 评分。由于《指引》对绿色创新及相应 ESG 绩效同为反向抑制作用，且模型（1）~（3）都显著，因此得到如下研究结论：虽然《指引》无法诱发创业板上市公司的绿色创新，导致了 ESG 评分的组间差异，但绿色创新具有提升 ESG 绩效的内在作用机制。

分析调节效应的回归结果，第（2）列、第（3）列、第（5）列和第（6）列中的交互项 GPFC × PCS 和 GPFC × RII 均显著为正，即无论是创业板公司的全体样本还是绿色专利样本，企业政治关联强度（PCS）和区域创新能力

（RII）都对绿色创新与 ESG 的关系起到正向调节效应，其中 RII 为反向指标，因此假设 4a 和假设 5b 成立。此外，除企业性质（CC）外，其他控制变量的显著性与预期一致，以上回归结果的 R^2 始终维持在可靠的范围内，因此，总结主检验研究结论如下：相对于非绿色创新，《指引》的实施反而抑制了我国创业板上市公司的绿色创新及相应 ESG 绩效，但绿色创新具有提高 ESG 绩效的内在作用机制，且企业政治关联强度和区域创新能力都能调节该作用机制。

6.5 进一步稳健性讨论

6.5.1 PSM – DID 和 Bootstrapped Standard Errors 分析

《指引》实施前企业间基本特征的差异造成绿色创新及 ESG 绩效的原本区别，因此对假设 1 和假设 3 采用双重倾向差分匹配（PSM – DID）进行稳健性检验。PSM – DID 能在不调整时间效应的情况下控制不可观测的组间差异，即公司一级的实验组和对照组之间的差异。我们还对样本进行自举标准差（Bootstrapped Standard Errors）、包含及不包含 Kernel 选项的平衡测试（Balancing test）回归分析，模型（1）和模型（3）交互项的显著性和方向保持稳定。表 6-6 中的稳健性检验结果表明，控制相关变异后，《指引》量化指标的实施对绿色创新及 ESG 绩效的作用仍显著为负。

表 6-6　　　　　　　　　　DID 稳健性检验结果

变量	PSM-DID		Bootstrapped Standard Errors	
	模型（1）	模型（3）	模型（1）	模型（3）
Treat	4. 883 *** (0. 657)	0. 022 *** (0. 005)	9. 379 *** (0. 864)	0. 042 *** (0. 006)
Policy	0. 629 (0. 701)	-0. 007 (0. 006)	5. 251 *** (0. 335)	0. 024 *** (0. 003)
Treat × Policy	-2. 422 *** (0. 726)	-0. 011 * (0. 006)	-4. 128 *** (0. 960)	-0. 018 ** (0. 008)
BS	-0. 377 (0. 244)	-0. 010 *** (0. 002)	-0. 147 (0. 109)	-0. 012 *** (0. 001)
OC	-0. 039 (0. 041)	0. 001 (0. 001)	0. 007 (0. 010)	-0. 001 *** (0. 001)
ID	-6. 028 (5. 739)	0. 158 *** (0. 045)	-3. 265 (2. 737)	0. 345 *** (0. 032)
ROA	4. 075 (2. 662)	0. 151 *** (0. 021)	1. 765 ** (0. 740)	0. 176 *** (0. 014)
Q	0. 482 (0. 157)	-0. 001 (0. 001)	0. 124 ** (0. 053)	-0. 001 (0. 001)
SIZE	-0. 586 (0. 446)	-0. 006 * (0. 004)	1. 436 *** (0. 255)	-0. 008 *** (0. 002)

变量	PSM – DID		Bootstrapped Standard Errors	
	模型（1）	模型（3）	模型（1）	模型（3）
CC	0.087 （0.615）	0.010 ** （0.005）	- 0.366 （0.291）	0.021 *** （0.004）
Obs.	2612	2612	4516	4516
Adj. R^2	0.04	0.10	0.17	0.14

注：***、**和*分别表示在1%、5%和10%的水平上显著，括号中的值为标准差。
资料来源：笔者运用 Stata 软件自行绘制。

6.5.2　替换变量

就新技术和新产品而言，已授权专利数量是最常用且被认可的创新衡量指标（Calik & Bardudeen，2016），其可靠性和稳健性已在绿色创新的实证研究中得到验证（Hagedoorn & Cloodt，2013；Gunarathne，2019），且在创业板市场上，上市公司绿色专利数量能代表其绿色创新能力（方先明和那晋领，2020）。为进一步验证绿色创新的内在作用机制，借鉴黎文婧和郑曼妮（2016）和齐绍洲等（2018）的方法，采用已授权绿色专利数量作为绿色创新的替代变量进行稳健性检验，因外观专利不属于绿色专利的范畴，绿色专利的数量由已授权的绿色发明专利与绿色实用新型专利相加得到。与主检验相同，表 6 - 7 第（1）~（3）列为全体创业板上市公司样本的回归结果，第（4）~（6）列

为绿色专利样本的回归结果。其中第（1）列、第（4）列
的结果表明，绿色专利的数量对 ESG 评分的促进作用显著
且稳定，即绿色创新的质量与数量都与 ESG 评分呈正相关
关系。此外，第（3）列区域创新能力（RII）的调节作用
不显著；虽然第（5）列政治关联强度（PCS）的调节作用
不显著但方向与主模型一致，第（6）列（RII）的调节作
用虽然显著但是方向相反。以上结果从侧面反映了企业政
治关联对绿色创新与可持续发展绩效之间关系的调节作用
比区域创新能力更为稳定。

表 6 - 7　　　　　　　　　　替换变量回归结果

变量	模型（2）	模型（4）	模型（5）	模型（2）	模型（4）	模型（5）
GPC	0.001 *** （3.29）	0.001 （1.23）	0.001 *** （3.33）	0.001 * （1.76）	0.001 （1.34）	0.001 *** （2.71）
PCS		0.002 *** （4.51）			0.004 *** （3.66）	
RII			− 0.002 *** （− 2.58）			− 0.001 （− 0.67）
GPC × PCS		0.001 *** （3.95）			0.001 （0.60）	
GPC × RII			− 0.001 （− 1.50）			− 0.001 ** （− 2.47）
BS	− 0.010 *** （− 7.59）	− 0.011 *** （− 7.95）	− 0.010 *** （− 7.54）	− 0.011 *** （− 4.45）	− 0.012 *** （− 4.76）	− 0.011 *** （− 4.50）
OC	0.001 * （1.90）	0.001 （1.58）	0.001 ** （1.98）	− 0.001 （− 0.25）	− 0.001 （− 0.58）	− 0.001 （− 0.16）

变量	模型（2）	模型（4）	模型（5）	模型（2）	模型（4）	模型（5）
ID	0.175 *** (5.67)	0.181 *** (5.88)	0.177 *** (5.75)	0.137 ** (2.42)	0.148 *** (2.63)	0.145 ** (2.56)
ROA	0.134 *** (10.54)	0.121 *** (9.48)	0.133 *** (10.54)	0.193 *** (6.20)	0.168 *** (5.35)	0.195 *** (6.26)
Q	-0.002 *** (-3.16)	-0.003 *** (-3.72)	-0.002 *** (-3.16)	-0.001 (-0.35)	-0.002 (-1.03)	-0.001 (-0.44)
SIZE	-0.009 *** (-4.89)	-0.006 *** (-3.06)	-0.009 *** (-4.89)	-0.019 *** (-4.86)	-0.013 *** (-3.37)	-0.018 *** (-4.82)
CC	0.005 * (1.67)	0.001 (0.24)	0.005 (1.60)	0.008 (1.17)	0.002 (0.33)	0.007 (0.97)
Con.	0.779 ***	0.712 ***	0.787 ***	1.021 ***	0.911 ***	1.022 ***
Obs.	4516	4516	4516	1312	1312	1312
Adj. R^2	0.10	0.11	0.10	0.12	0.14	0.13
F	45.11	41.74	37.87	13.15	12.91	11.59

注：*、** 和 *** 分别表示 10%、5% 和 1% 的水平上显著，括号中为 T 值。
资料来源：笔者运用 Stata 软件自行绘制。

6.5.3　内生性处理

传统计量经济学方法，例如，最小二乘法（OLS）、固定效应（FE）回归都无法有效解决实证研究的内生性及外生性问题。首先，由于惯性和动态机制，忽略了财务数据的滞后性可能引起模型偏差及影响系数估值，且无法观测的创业企业间的异质性也将影响其 ESG 评分，从而导致测

量误差。其次，上文描述性统计显示我国创业板上市公司
大多为民营企业，根据环境嵌套理论，各民营企业家个体
层面的政治关联将嵌套在各地区、各行业环境之中，进而
影响到企业各项经营活动（陈爽英等，2020）。例如，创业
板上市公司高管为保护技术创新成果寻求政治关联及政府
庇护，为缓解企业内部资源约束而建立政治关联以获取优
势创新资源（黄丽英和何乐融，2020），从而导致其创新能
力和 ESG 绩效都会影响其建立政治关联的积极性并产生逆
向因果问题。最后，区域创新能力低的企业更倾向于通过
异地招聘、跨区域合作等方式提升其创新及可持续发展绩
效（Zheng et al.，2020），因而区域创新能力与绿色创新及
ESG 绩效也存在较为严重的逆向因果问题。工具变量的外
生性只能通过经济理论及研究背景确认（Angrist & Alan K，
2001），但工具变量能有效解决上述测量误差及逆向因果内
生性问题。在此，借鉴陈爽英等（2020）、黄丽英和何乐融
（2020）的方法，分别选择企业总部所在地区和所在行业高
管政治关联和区域创新能力的平均数作为工具变量，得到
IV_PCS、IV_RII 及相应交互项。具体公式如下，其中 r 和 i
分别表示地区和行业：

$$IV\_PCS_{r,i} = \left(\sum_1^n PCS_{r,i} \right) / n \qquad (6)$$

$$IV\_RII_{r,i} = \left(\sum_1^n RII_{r,i} \right) / n \qquad (7)$$

251

通用矩量法（GMM）具有从解释变量生成工具变量的优势（Arellano and Bover，1995），且相较于其他传统的工具变量方法（例如 2SLS 和 3SLS 等），GMM 更适用于面板数据（Nesrine and Khemais，2020）。在此采用 Roodman（2006）的两阶动态面板数据评估法进行回归分析，在设计思想上，它包含了差异 GMM（difference GMM，DGMM）和系统 GGM（system GMM，SGMM），运用正交偏差来降低数据丢失的风险。

表 6-8 反映了工具变量的 FE 及 GMM 回归结果。交互项 IV_PCS×GPFC 和 IV_RII×GPFC 的显著性及方向与主检验的结果保持一致，说明在控制内生性后，企业政治关联与区域创新能力仍能调节绿色创新与 ESG 绩效的正相关关系。以上内生性分析的结果揭示了中国新兴产业的绿色创新对可持续发展绩效的促进效应在一定程度受到区域差异与政治关联的约束，该调节机制为后续的决策建议提供了新的方向与思路，同时从微观的创业企业绿色创新的视角拓展并延伸了当前西方国家可持续发展理论的范畴。

表 6-8　　　　　　　　　　GMM 回归结果

变量	工具变量 FE 回归		全体样本 GMM 回归		绿色专利样本 GMM 回归	
	模型（4）	模型（5）	模型（4）	模型（5）	模型（4）	模型（5）
GPFC	-0.001 （-0.53）	0.001*** （3.08）	-0.004*** （-3.39）	-0.002** （-2.45）	-0.002** （-2.38）	-0.001** （-2.45）

变量	工具变量 FE 回归		全体样本 GMM 回归		绿色专利样本 GMM 回归	
	模型（4）	模型（5）	模型（4）	模型（5）	模型（4）	模型（5）
PCS			−0.001 （−1.46）		0.004 （1.54）	
IV_PCS	−0.006 （−1.60）		0.005 （0.51）		−0.024 （−1.41）	
PCS × GPFC			0.001 （0.80）		0.001 （0.75）	
IV_PCS × GPFC	0.001 * （1.74）		0.002 *** （3.13）		0.001 ** （2.05）	
RII				−0.002 * （−1.95）		0.001 （0.40）
IV_RII		−0.002 *** （−3.12）		−0.001 （−0.43）		−0.003 * （−0.43）
RII × GPFC				0.001 （1.14）		0.001 （1.30）
IV_RII × GPFC		0.001 ** （2.21）		0.001 ** （2.06）		0.001 * （1.89）
BS	−0.010 *** （−7.52）	−0.010 *** （−7.66）	0.004 （1.20）	0.005 * （1.67）	0.002 （0.34）	0.001 （0.22）
OC	0.001 ** （2.23）	0.001 ** （2.14）	0.001 （0.71）	0.001 （1.16）	0.001 （1.40）	0.001 （0.63）
ID	0.180 *** （5.85）	0.180 *** （5.84）	0.194 ** （2.35）	0.235 *** （2.61）	0.115 （1.05）	0.055 （0.54）
ROA	0.133 *** （10.53）	0.132 *** （10.48）	0.129 *** （3.37）	0.138 *** （3.41）	0.023 （0.30）	0.045 （0.47）
Q	−0.002 *** （−3.36）	−0.002 *** （−3.28）	0.002 （1.44）	0.001 （0.63）	0.003 （0.87）	0.007 * （1.89）

变量	工具变量 FE 回归		全体样本 GMM 回归		绿色专利样本 GMM 回归	
	模型（4）	模型（5）	模型（4）	模型（5）	模型（4）	模型（5）
SIZE	− 0.009 *** （− 4.46）	− 0.008 *** （− 4.48）	0.004 （1.62）	0.005 ** （2.21）	0.005 （1.63）	0.005 * （1.78）
CC	0.004 （1.38）	0.004 （1.38）	0.007 （1.55）	0.002 （0.61）	0.028 ** （2.14）	0.033 *** （2.76）
Obs.	4516	4516	3672	3672	705	705
AR（2）			0.673	0.546	0.397	0.463
Hansen Test			0.049	0.008	0.971	0.975

注：*、** 和 *** 分别表示 10%、5% 和 1% 的水平上显著，括号中为 T 值。
资料来源：笔者运用 Stata 软件自行绘制。

6.6　结论与展望

6.6.1　研究结论与启示

本章发现，我国绿色信贷政策在创业板上市公司的实施效果未能达到预期目标。相对于非绿色创新，《指引》显著抑制了创业板上市公司的绿色创新。绿色创新具有提升 ESG 绩效的内在作用机制，且企业政治关联与区域创新能力都能调节该作用机制。

上述研究成果对政府政策设计和创业企业实践两方面

均有重要的启示作用。首先，在政府政策设计方面，有以下三个重要的启示。第一，由于绿色创新具有提升 ESG 绩效的内在作用机制，因此，绿色信贷政策的设计和实施应围绕进一步推进绿色创新为重点。具体而言，相关审核部门应建立更为科学的绿色绩效评价体系，规范绿色创新相关的减免、补贴等金融政策的量化指标。如加大绿色专利审核中的功能性指标的权重，在绿色创新基础上结合 ESG 信息披露开展更为全面的评估与认定等具体举措。另外，绿色金融政策还应从政府主导科技资源配置转变为绿色创新的市场导向机制，在推进成果转化的同时积极引导绿色创新成果的市场需求，避免出现无市场需求的"绿色创新"。第二，由于高管政治关联不仅削弱创业板上市公司在创新上的投入，也能显著调节其绿色创新与 ESG 绩效的正相关关系，因而需适时做出相应的政策调整。如以创业板上市公司作为试点，严格审核政治关联披露较高的上市企业的绿色专利及相关补助，鼓励创业企业以创新驱动企业成长。此外，应积极倡导中、青年技术骨干任职高层比例较高的创业板上市公司开展绿色融资，并提供相应政策补助。第三，区域创新能力差距是导致区域经济发展不平衡现状的问题根源，深化绿色金融政策是解决经济不平衡发展的有效机制。因此，监管部门应加大"智力"资本配置的监管力度，积极拓展绿色人才政策引导专业人才去自然资源丰富的西部创业或就业，帮助发展当地特色的绿色产业。另外，地方相关职能部门应积极调整绿色企业、人才等引进政策，如积极鼓励退休干部、企业高管去往环境较好但经济欠发达的地区发挥余热，大力引进绿色企业等。其次，在创业企业实践方面，有以下两个重要的启示。第一，创业企业要积极关注新兴市场和高新技术产品的开发，尤其是要考虑绿色创新投资。第二，创业企业应优先推进中长期的绿色发展战略，积极摆脱传统商业模式，采用平衡经济、社会和环境的发展战略。

6.6.2 研究局限与展望

尽管本章围绕创业企业，就绿色信贷政策对绿色创新的影响机制及效应进行了较为深入的探讨，但仍存以下的不足，需要在未来的研究中予以完善。首先，受限于目前可获取的高质量的公司级环境数据，ESG 评分或评级仍偏重环境绩效的绿色综合评估值，因此，未来研究需将更专业的环境指标导入实证模型。其次，尽管本章为可持续发展绩效量化研究尝试了一种新的探索，但国内外学者（操群等，2019；Escrig et al.，2019）已开始期望整合各大国际评级机构的 ESG 信息披露数据探寻新的 ESG 测评体系，因此，未来研究需借助更细化的二级指标与算法去进一步度量可持续发展绩效。最后，本章基于外部环境对可持续发展绩效作用机制的探讨也可通过其他的方法论来论证，例如，非线性模型、三重差分模型、结构方程等，借助对比不同的研究方法及不同的研究结论以期得到更为科学和可靠的政策启示。

257

附录 作者科研成果简介

［1］ Chen L. F. , Shen Q. , Yu X. Chen X. Knowledge Spillovers along the Sustainable Supply Chain of China's Listed Companies. Journal of Innovation & Knowledge, 2024, 09, 02, 100478, SSCI, Q1, IF. 18. 1, （JCR Management: 2/ 401; Business: 3/302）.

［2］ Chen L. F. , Khurram M. U. , Gao Y. Y. et al. ESG Disclosure and Technological Innovation Capabilities of the Chinese Listed Companies. Research in International Business and Finance, 2023, 65, 101974. SSCI, Q1, IF. 6. 5, （JCR Finance: 9/111; ESI Top 1% 高引论文）.

［3］ Chen L. F. , Chen Y. T. , Gao Y. Y. Digital Transformation and ESG Performance: A quasi-natural Experiment Based on China's Environmental Protection Law. International Journal of Energy Research, 2024, 1970: 8895846. SCI, Q1, IF. 4. 6.

［4］ Chen L. F. , Mao X. M. , Gao Y. Y. Executive Compensation Stickiness and ESG Performance: the Role of Digital Transformation. Frontiers in Environmental Science, 2023, 11, 1166080, SCI, Q2, IF. 5. 3.

［5］ Chen L. F. , Guo F. X. , Huang L. Y. Impact of Foreign Direct Investment on Green Innovation: Evidence from China's Provincial Panel Data. Sustainability, 2023, 15, 3318. SSCI, Q2, IF. 3. 9.

［6］ Chen L. F. , Ye Z. X. , Jin S. Y. A Security, Privacy and Trust Methodology for IIoT. Technical Gazette, 2021, 28 (3): 898 - 906. SCI, Q3, IF. 1. 0.

［7］ Chen L. F. , Wang Y. W. , Jin S. Y. How Green Credit Guidelines Policy Affect the Green Innovation in China. Environmental Engineering and Management Journal, 2022, 21 (3): 469 - 481. SCI, Q4, IF. 1. 1.

［8］ Chen L. F. , Yu W. , Qian L. Green Credit Policy and ESG Performance for Promoting Sustainable Economic System. Journal of Infrastructure, Policy and Development, 2024, 8 (4): 3392. ESCI, Q4, IF. 1. 0.

［9］ Chen L. F. , Zheng J. Z. , Zhu L. Q. A Big Data Methodology for Analyzing Machine Energy Consumption Based onIIoT Technology under ESG Concept. IEEE, 2022: 1 -

8. EI.

［10］ Chen L. F. , Jin S. Y. A Study on the Direction of China's Industry 4. 0. Asia Life Sciences, 2020, 29（1）: 379 - 387. SCOPUS.

［11］ Khurram M. U. , Chen L. F. , Abedin M. et al. ESG Disclosure and Internal Pay Gap: Empirical Evidence from China. International Review of Economics and Finance, 2024, 92, 172830. 228 - 244. SSCI, Q1, IF. 4. 8 - Corresponding Author, ESI Top 1% 高引论文.

［12］ Khurram M. U. , Abbbassi W. , Chen Y. F. Chen L. F. Outward Foreign Investment Performance, Digital Transformation, and ESG Performance: Evidence from China, 2024, 60, 100963. Global Finance Journal. SSCI, Q1, IF. 5. 5 - Corresponding Author.

［13］ Su Q. , Chen L. F. Carbon Financial Trading Risk Based on Multidimensional Analysis of Data Flow from the Perspective of Low-carbon Economy. Environment, Development and Sustainability, 2024, 23, 05604. SCI, Q2, IF. 4. 9 - Corresponding Author.

［14］ Zheng J. Z. , Khurram M. U. , Chen L. F. Can Green Innovation Affect ESG Ratings and Financial Performance? Evidence from Chinese GEM Listed Companies, Sustainability,

2022，14，8677. SSCI，Q2，IF. 3. 9 – Corresponding Author.

［15］ Cai B. B. , Shafait Z. , Chen L. F. Teachers' Adoption of Emotions Based Learning Outcomes：Significance of Teachers' Competence, Creative Performance and University Performance. Frontiers in Psychology, 2022, 13, 812447. SSCI, Q1, IF. 4. 3 – Corresponding Author.

［16］ He Z. H. , Chen L. F. Shafait Z. How Psychological Contract Violation Impacts Turnover Intentions of Knowledge Workers? The Moderating Effect of Job Embeddedness. Heliyon, 2023, 9 （3）, 14409. SCI, Q1, IF. 3. 4 – Corresponding Author.

［17］ He Z. H. , Yu W. , Chen L. F. Research and Application of Tourism Management in the IoT Industry under the Background of Sustainable Blockchain. Heliyon, 2024, 10, 35893. SCI, Q1, IF. 3. 4 – Corresponding Author.

［18］ He Z. H. , Chen L. F. Do Tour Guides Leave Their Jobs Because of Occupational Stigma? Social Behavior and Personality, 2025, 01, SSCI, Q4, IF. 1. 3 – Corresponding Author.

［19］ Qian C. , Gao Y. Y. , Chen L. F. Green Supply Chain Circular Economy Evaluation System based on Industrial Internet of Things and Blockchain Technology under ESG Concept. Processes，2023，11，1999. SCI，Q2，IF. 3. 5 – Corresponding Author.

［20］ Xu X. H.，Zhou G. H.，Chen L. F. Metaverse Space Ecological Scene Design Based on Multimedia Digital Technology，Mobile Information Systems，2022，13，7539240. SCI，Q3，IF. 1. 8 – Corresponding Author.

［21］陈立峰，郑健壮. 绿色信贷政策能否促进企业绿色创新？——基于 730 家中国创业板上市公司的研究 ［J］. 浙江大学学报（人文社会科学版），2023，53（8）：42 – 62. CSSCI.

［22］郑健壮，钱元旻，陈立峰. 地区数据要素、数字技术水平与其经济增长 ［J］. 科学学研究，2024，5：1 – 11. CSSCI.

［23］陈立峰，曹维洲，陈伊凡. 数字化转型对 ESG 绩效的驱动机制与路径——基于 meMO – II 检验流程的实证研究 ［J］. 统计与决策，2025，2，CSSCI.

主要著作

［24］ Impact of China's Green Credit Policy on Enterprise ESG Performance. Scholar Publishing Group，2023，3. ISBN：978 – 1 – 80053 – 922 – 8，独著；1/1.

主要获奖

［25］2020 年全球商业与贸易学术大会最佳论文奖，

第一作者，1/3

[26] 2023 年浙江省国际金融学会优秀论文奖，第一作者，1/2

[27] 2023 年浙江省民政厅政策理论研究成果二等奖，第一作者，1/3

[28] 2024 年浙江省商务厅国际经济贸易研究成果一等奖，第一作者，1/3

主要课题

[29] 中国博士后科学基金面上项目（2023M733037），主持，1/1

[30] 中国国资国企研究院重点课题（2023GZ011），主持，1/5

[31] 教育部产学合作协同育人项目（23080144429520），主持，1/5

[32] 浙江省哲学社会科学规划课题（24SSHZ015YB），主持，1/3

[33] 浙江省民政厅课题（ZMKT2023150），主持，1/3

[34] 杭州市社科联课题（2022HZSL－ZC019），主持，1/5

[35] 杭州社会哲学规划课题（24JD055），主持，1/4

参 考 文 献

［1］安宝洋，翁建定．大数据时代网络信息的伦理缺失及应对策略［J］．自然辩证法研究，2015（12）：42 – 46.

［2］蔡婧璇，黄如花．美国政府数据开放的政策法规保障及对我国的启示［J］．图书与情报，2017（1）：10 – 17.

［3］操群，许骞．金融"环境、社会和治理"（ESG）体系构建研究［J］．金融监管研究，2019（4）：95 – 111.

［4］曹克亮．元宇宙"数字共同体"：去中心化还是建构中心化［J］．阅江学刊，2022，14（2）：78 – 88，173.

［5］曹廷求，张翠燕，杨雪．绿色信贷政策的绿色效果及影响机制——基于中国上市公司绿色专利数据的证据［J］．金融论坛，2021（5）：7 – 17.

［6］陈国进，丁赛杰，赵向琴，等．中国绿色金融政

策、融资成本与企业绿色转型——基于央行担保品政策视角 [J]. 金融研究，2021（12）：75-95.

[7] 陈辉，闫佳琦，陈瑞清，等. 元宇宙中的用户数据隐私问题 [J]. 新疆师范大学学报（哲学社会科学版），2022：1-9.

[8] 陈金焰. 物联网技术及其应用研究 [J]. 信息与电脑，2021，33（24）：201-203.

[9] 陈立峰，郑健壮. 绿色信贷政策能否促进企业绿色创新？——基于730家中国创业板上市公司的研究 [J]. 浙江大学学报（人文社会科学版），2023，53（8）：42-62.

[10] 陈爽英，傅锋，井润田. 政治关联对研发投资的影响：促进还是抑制 [J]. 科研管理，2020（1）：184-192.

[11] 陈潭，刘成. 迈向工业4.0时代的教育变革 [J]. 南京社会科学，2016（9）：131-137.

[12] 陈腾瀚. 欧盟"工业5.0"：起源、内容与动因 [J]. 当代经济管理，2022，44（4）：25-33.

[13] 陈中飞，江康奇，殷明美. 数字化转型能缓解企业"融资贵"吗 [J]. 经济学动态，2022（8）：79-97.

[14] 邓聪. 工业元宇宙赋能智能制造全面升级 [N]. 人民邮电，2022-04-07（007）.

[15] 丁杰，胡蓉. 区域性环境规制与绿色信贷政策的有效性——基于重污染企业信贷融资视角 [J]. 软科学，2020（12）：61 - 67.

[16] 方胜. 紧抓元宇宙发展机遇助推深圳数字经济发展 [N]. 深圳特区报，2022 - 04 - 13（A05）.

[17] 方先明，那晋领. 创业板上市公司绿色创新溢酬研究 [J]. 经济研究，2020（10）：106 - 123.

[18] 顾雷雷，王鸿宇. 社会信任、融资约束与企业创新 [J]. 经济学家，2020（11）：39 - 50.

[19] 顾乃康，周艳利. 卖空的事前威慑、公司治理与企业融资行为——基于融资融券制度的准自然实验检验 [J]. 管理世界，2017（2）：120 - 134.

[20] 光明理论. "两山" 理念的科学内涵及重大意义 [EB/OL]. https：//theory. gmw. cn/2020 - 07/31/content_34045589. html.

[21] 郭亚军，袁一鸣，李帅，等. 元宇宙场域下虚拟社区知识共享模式研究 [J]. 情报理论与实践，2022：1 - 14.

[22] 侯人华，徐少同. 美国政府开放数据的管理和利用分析——以 www. data. gov 为例 [J]. 图书情报工作，2011，55（4）：119 - 122.

[23] 胡洁，韩一鸣，钟咏. 企业数字化转型如何影响

企业 ESG 表现——来自中国上市公司的证据［J］. 产业经济评论，2023（1）：105 – 123.

［24］胡乐乐."元宇宙"解析［N］. 中国社会科学报，2022 – 04（010）.

［25］黄丽英，何乐融. 高管政治关联和企业创新投入——基于创业板上市公司的实证研究［J］. 研究与发展管理，2020（2）：11 – 23.

［26］黄嫚丽. 工业 5.0：面向未来的高质量发展［J］. 清华管理评论，2023（Z1）：60 – 66.

［27］践行新发展理念　坚持高质量发展［N］. 人民日报，2022 – 07 – 29（010）.

［28］蒋周明矩，熊昇，王柏村. 面向工业 5.0 的人机协作增材制造［J/OL］. 机械工程学报：1 – 16.

［29］金励，周坤琳. 数据共享的制度去障与司法应对研究［J］. 西南金融，2020（3）：88 – 96.

［30］聚展. 欧姆龙 i – Automation 新型制造现场引领可持续制造未来［OL］. https：//www. jufair. com/information/ 71686. html.

［31］寇江泽，刘温馨. 落实"双碳"行动建设美丽中国［N］. 人民日报，2024 – 04 – 28（002）.

［32］李高勇，刘露. 工业 5.0：成为更有意义的工业系统［J］. 清华管理评论，2023（Z1）：67 – 72.

［33］李晶．元宇宙中通证经济发展的潜在风险与规制对策［J］．电子政务，2022（3）：54－65．

［34］李维安，张耀伟，郑敏娜，等．中国上市公司绿色治理及其评价研究［J］．管理世界，2019（5）：126－133．

［35］李新春，肖宵．制度逃离还是创新驱动？——制度约束与民营企业的对外直接投资［J］．管理世界，2017（10）：99－112．

［36］李峥．元宇宙将成为未来数字生态的主流发展模式？［J］．世界知识，2022（7）：13－17．

［37］李正海．布局工业元宇宙［J］．企业管理，2022（3）：12－17．

［38］李志斌，邵雨萌，李宗泽，等．ESG 信息披露、媒体监督与企业融资约束［J］．科学决策，2022（7）：1－26．

［39］林梓瀚，郭丰．人工智能时代我国数据安全立法现状与影响研究［J］．互联网天地，2020（9）：20－25．

［40］刘桂锋，阮冰颖，刘琼．加强数据安全防护提升数据治理能力——《中华人民共和国数据安全法（草案）》解读［J］．农业图书情报学报，2021，33（4）：4－13．

［41］刘杰，王栋梁．面向企业韧性建设的工业 5.0——从追求 Just in Time 到兼顾 Just in Case［J］．清华管理评论，

2023（4）：22 – 33.

［42］刘美琳 . 谁将成元宇宙之都？［J］. 宁波经济，2022（4）：42 – 43.

［43］刘强，王伟楠，陈恒宇 .《绿色信贷指引》实施对重污染企业创新绩效的影响研究［J］. 科研管理，2020（11）：100 – 112.

［44］鲁喜凤 . 机会创新性、知识获取对企业绩效的影响研究——以科技型企业为例［J］. 情报科学，2017（5）：160 – 164.

［45］鲁照旺 . 元宇宙的秩序和规则［J］. 学术界，2022（2）：65 – 79.

［46］陆菁，鄢云，王韬璇 . 绿色信贷政策的微观效应研究——基于技术创新与资源再配置的视角［J］. 中国工业经济，2021（1）：174 – 192.

［47］吕鹏 . 元宇宙的潜在风险与治理原则［J］. 国家治理，2022（2）：27 – 32.

［48］罗知，齐博成 . 环境规制的产业转移升级效应与银行协同发展效应——来自长江流域水污染治理的证据［J］. 经济研究，2021（2）：174 – 189.

［49］马一德 . 强化科技创新和产业链供应链韧性［J］. 北京观察，2021（11）：52 – 53.

［50］母睿，王玉婷 . 大数据与政府治理能力提升：机

遇、挑战与展望［J］. 沈阳工业大学学报（社会科学版），2021，14（1）：9-14.

［51］牛海鹏，张夏羿，张平淡. 我国绿色金融政策的制度变迁与效果评价——以绿色信贷的实证研究为例［J］. 管理评论，2020（8）：3-12.

［52］蒲清平，向往. 元宇宙及其对人类社会的影响与变革［J］. 重庆大学学报（社会科学版），2022：1-12.

［53］齐绍洲，林屾，崔静波. 环境权益交易市场能否诱发绿色创新？——基于我国上市公司绿色专利数据的证据［J］. 经济研究，2018（12）：129-143.

［54］邱牧远，殷红. 生态文明建设背景下企业 ESG 表现与融资成本［J］. 数量经济技术经济研究，2019（3）：108-123.

［55］任颖. 数据立法转向：从数据权利入法到数据法益保护［J］. 政治与法律，2020（6）：135-147.

［56］宋帅邦. 中国区域创新能力评价研究［J］. 技术经济与管理研究，2020（12）：118-123.

［57］苏德悦. 元宇宙应用加速落地［N］. 人民邮电，2022-04-11（003）.

［58］孙群英，朱震锋，曹玉昆. 低碳经济视域下中国省级区域绿色创新能力评价分析——以黑龙江省为例［J］. 林业经济，2019（11）：34-42.

[59] 孙要良."绿水青山就是金山银山"理念实现的理论创新 [J].环境保护,2020,48(21):36-38.

[60] 唐素琴,赵宇.《数据安全法》突出科学数据的必要性研究 [J].中国科技资源导刊,2021,53(2):19-25,110.

[61] 田利辉,关欣,李政,等.环境保护税费改革与企业环保投资——基于《环境保护税法》实施的准自然实验 [J].财经研究,2022,48(9):32-46,62.

[62] 王陈慧子,蔡玮.元宇宙数字经济:现状、特征与发展建议 [J].大数据,2022:1-13.

[63] 王灏晨.面向工业5.0时代我国产业转型的思考及建议 [J].发展研究,2021,38(7):64-69.

[64] 王惠,王树乔,苗壮,等.研发投入对绿色创新效率的异质门槛效应———基于中国高技术产业的经验研究 [J].科研管理,2016(2):63-71.

[65] 王竞一,张洪忠,斗维红.想象的可供性:人与元宇宙场景关系的分析与反思 [J].新闻与写作,2022(4):70-78.

[66] 王文喜,周芳,万月亮,等.元宇宙技术综述 [J].工程科学学报,2022,44(4):744-756.

[67] 王晓红,栾翔宇,张少鹏.企业研发投入、ESG表现与市场价值——企业数字化水平的调节效应 [J].科

学学研究，2023，41（5）：896 - 904，915.

[68] 王晓红，赵美琳，张少鹏，等．企业战略激进度、数字化转型与 ESG 表现——企业生命周期的调节作用 [J/OL]．软科学，2023：1 - 13.

[69] 王馨，王营．绿色信贷政策增进绿色创新研究 [J]．管理世界，2021（6）：173 - 188.

[70] 王毅，童叶．面向工业 5.0 的价值创新战略 [J]．清华管理评论，2023（Z1）：73 - 81.

[71] 王禹，王浩宇，薛爽．税制绿色化与企业 ESG 表现——基于《环境保护税法》的准自然实验 [J]．财经研究，2022，48（9）：47 - 62.

[72] 王运陈，杨若熠，贺康，等．数字化转型能提升企业 ESG 表现吗？——基于合法性理论与信息不对称理论的研究 [J]．证券市场导报，2023（7）：14 - 25.

[73] 微软 Azure．米其林 - Azure 云计算 [OL]．https：//customers. azure. cn/michelin/index. html.

[74] 习近平出席二十国集团领导人第十六次峰会第一阶段会议并发表重要讲话 [N]．人民日报，2021 - 10 - 31（001）.

[75] 解学梅，朱琪玮．企业绿色创新实践如何破解"和谐共生"难题？[J]．管理世界，2021，37（1）：128 - 149.

［76］谢乔昕，张宇．绿色信贷政策、扶持之手与企业创新转型［J］．科研管理，2021（1）：124－134．

［77］谢婷婷，刘锦华．绿色信贷如何影响中国绿色经济增长？［J］．中国人口·资源与环境，2019（9）：83－90．

［78］谢新水．作为"人造物"的元宇宙：建构动力、弱公共性及增强策略［J］．电子政务，2022：1－12．

［79］徐妹，刘士霞．新西兰政府数据开放治理模式研究［J］．图书馆研究与工作，2019（12）：76－83．

［80］叶青，李增泉，李光青．富豪榜会影响企业会计信息质量吗？——基于政治成本视角的考察［J］．管理世界，2012（1）：104－120．

［81］易欢欢，黄心渊．虚拟与现实之间——对话元宇宙［J］．当代电影，2021（12）：4－12．

［82］尹子擘，孙习卿，邢茂源．绿色金融发展对绿色全要素生产率的影响研究［J］．统计与决策，2021（3）：139－144．

［83］于成学，郑洪博，武艺芳．"双碳"目标下典型制造业城市绿色转型效率与创新机制研究［J］．中国环境管理，2023，15（5）：87－96．

［84］于连超，张卫国，毕茜．环境保护费改税促进了重污染企业绿色转型吗？——来自《环境保护税法》实施

的准自然实验证据［J］. 中国人口·资源与环境，2021，31（5）：109-118.

［85］余维臻，陈立峰，刘锋. 后发情境下创业企业如何成为"独角兽"——颠覆性创新视角的探索性案例研究［J］. 科学学研究，2021（7）：1267-1276.

［86］翟华云，李倩茹. 企业数字化转型提高了审计质量吗？——基于多时点双重差分模型的实证检验［J］. 审计与经济研究，2022，37（2）：69-80.

［87］张会丽，陆正飞. 控股水平、负债主体与资本结构适度性［J］. 南开管理评论，2013（5）：142-151.

［88］张璇，李子健，李春涛. 银行业竞争、融资约束与企业创新——中国工业企业的经验证据［J］. 金融研究，2019（10）：98-116.

［89］张雍达，宋嘉. 工业 4.0 时代的智能制造［J］. 中国工业和信息化，2021（9）：32-34.

［90］张媛媛，袁奋强，陈利馥. 区域产业依存度能改变绿色信贷政策对企业创新投资的影响吗？——来自准自然实验的证据［J］. 宏观经济研究，2021（3）：120-135.

［91］赵敬，潘冰. 元宇宙的概念、构成及对传媒的影响［J］. 视听界，2022（2）：44-49.

［92］赵晓婷，古华. 上市公司复星医药 ESG 信息披露分析［J］. 老字号品牌营销，2023（21）：151-153.

［93］周逵. 虚拟空间生产和数字地域可供性：从电子游戏到元宇宙［J］. 福建师范大学学报（哲学社会科学版），2022（2）：84-95，171.

［94］朱竑，陈晓亮，尹铎. 从"绿水青山"到"金山银山"：欠发达地区乡村生态产品价值实现的阶段、路径与制度研究［J］. 管理世界，2023，39（8）：74-91.

［95］朱益宏，周翔，张全成. 私营企业家政治关联催化了投机行为还是技术创新［J］. 科研管理，2016（4）：77-84.

［96］庄存波，刘检华，张雷. 工业5.0的内涵、体系架构和使能技术［J］. 机械工程学报，2022，58（18）：75-87.

［97］Akande A，Cabral P，Casteleyn S. Assessing the Gap between Technology and the Environmental Sustainability of European Cities［J］. Information Systems Frontiers，2019，21：581-604.

［98］Allison H L. A Climate for Change：Meeting Investor Demand for Climate and ESG Information at the SEC［J］. Accessed：Aug. 12，2021.［Online］. Available：https：//www. sec. gov/news/speech/.

［99］Angrist J & Alan K. Instrumental variables and the search for identification：From supply and demand to natural experiments [J]. Journal of Economic Perspectives, 2003, 15 (1): 69 – 85.

[100] Aras, G, & Crowther, D. Governance and Sustainability An Investigation into the Relationship Between Corporate Governance and Corporate Sustainability [J]. Management Decision, 2008, 46 (3): 433 – 448.

[101] Ardito, L, Messeni, A, Pascucci, F & Peruffo, E. Inter-firm R & D collaborations and green innovation value: The role of family firms' involvement and the moderating effects of proximity dimensions [J]. Bus. Strategy Environ, 2019, 28 (1): 185 – 197.

[102] Arellano, M & Bover, O. Another Look at the Instrumental Estimation of Error – Components Models [J]. Journal of Econometrics, 1995, 68 (1): 29 – 51.

[103] Asheim, B T & Coenen, L. Knowledge Bases and Regional Innovation Systems: Comparing Nordic Clusters [J]. Research Policy, 2005, 34 (8): 1173 – 1190.

[104] Beier G, Fritzsche K, Kunkel S, Matthess M, Niehoff S, et al. A Green Digitalized Economy? Challenges and Opportunities for Sustainability [J]. IASS Fact Sheet, 2020 (1): 1 – 10.

[105] Bentzen H B, Høstmælingen N. Balancing protec-

tion and free movement of personal data: the new European Union General Data Protection Regulation [J]. Ann Intern Med, 2019 (170): 335 – 337.

[106] Bertrand, M & Schoar, A. Managing with Style: The Effect of Managers on Firm Policies [J]. Q. J. Econ, 2003, 118 (4): 1169 – 1208.

[107] Bosch. Ten years of Industry 4. 0 [EB/OL]. https: //www. bosch. com/stories/10 – years – industry – 4 – 0/.

[108] Boyle, J, Higgins, M & Rhee, G S. Stock Market Reaction to Ethical Initiatives of Defense Contractors: Theory and Evidence [J]. Critical Perspectives on Accounting, 1997, 8 (6): 541 – 561.

[109] Bratt S, Hodgins L. Towards the Design of a Digital Fluency Course – An Exploratory Study [J]. Journal of Educational Multimedia and Hypermedia, 2019, 28 (1): 21 – 38.

[110] Brooks, C & Oikonomou, I. The effects of environment, social and governance disclosures and performance on firm value: A review of the literature in accounting and finance [J]. British Accounting Review, 2017, 50 (3): 1 – 15.

[111] Calik, E & Bardudeen, F. A measurement scale to evaluate sustainable innovation performance in manufacturing or-

ganizations [J]. Procedia CIRP, 2016, 40 (1): 449 – 454.

[112] Chen, H, Liu, C, Xie, F, Zhang, T & Guan, F. Green Credit and Company R&D Level: Empirical Research Based on Threshold Effects [J]. Sustainability, 2019, 11 (7): 1918.

[113] Chen L F, Jin S Y. A study on the direction of China's Industry 4.0 [J]. Asia life sciences, 2020, 29 (1): 379 – 387.

[114] Chen L F, Khurram M, Gao Y Y. ESG disclosure and technological innovation capabilities of the Chinese listed companies [J]. Research in International Business and Finance, 2023, 65: 101974.

[115] Chen L F, Shen Q, Yu X. Knowledge Spillovers along the Sustainable Supply Chain of China's Listed Companies [J]. Journal of Innovation & Knowledge, 2024, 09: 100478.

[116] Chen L F, Wang Y W, Jin S Y. How Green Credit Guidelines Policy Affet The Green Innovation In China? [J]. Environmental Engineering and Management, 2022, 21 (3): 469 – 481.

[117] Chen L F, Ye Z, Jin S Y. A Security, Privacy and Trust Methodology for IIoT [J]. Technical Gazette, 2021, 28 (3): 898 – 906.

[118] Clementino, E & Perkins, R. How Do Companies Respond to Environmental, Social and Governance (ESG) Ratings? Evidence from Italy [J]. Journal of Business Ethics, 2021, 171 (2): 379 – 397.

[119] Colquitt, L L & Hoyt, R E. Determinants of corporate hedging behavior: Evidence from the life insurance industry [J]. Journal of Risk and Insurance, 1997, 64 (4): 649 – 671.

[120] Cornaggia, J, Mao, Y, Tian, X & Wolfe, B. Does Banking Competition Affect Innovation? [J]. Journal of Financial Economics, 2015, 115 (1): 189 – 209.

[121] Dalal, K K, Thaker, N. ESG and Corporate Financial Performance: A Panel Study of Indian Companies [J]. IUP Journal of Corporate Governance, 2019, 18 (6): 44 – 59.

[122] Dang, J & Motohashi, K. Patent statistics: A good indicator for innovation in China? Patent subsidy program impacts on patent quality [J]. China Economic Review, 2015, 35 (1): 137 – 155.

[123] Del Río C G, Fernández M C G, Colsa A U. Unleashing the Convergence Amid Digitalization and Sustainability Towards Pursuing the Sustainable Development Goals

(SDGs)：A holistic review [J]. Journal of Cleaner Production, 2021 (280)：122 – 204.

[124] Drempetic, S, Klein, C & Zwergel, B. The influence of firm size on the ESG Score：Corporate sustainability ratings under review [J]. Journal of Business Ethics, 2020, 167 (2)：333 – 360.

[125] Dyer J H & Hatch N W. Relation-specific capabilities and barriers to knowledge transfers：creating advantage through network relationships [J]. Strategic Management Journal, 2006, 27 (8)：701 – 719.

[126] Elfar O A, Chang C K, Leong H Y, et al. Prospects of Industry 5.0 in algae：Customization of production and new advance technology for clean bioenergy generation [J]. Energy Conversion and Management：X, 2020：100048.

[127] Escrig – Olmedo, E, Fernandez – Izquierdo, M A, et al. Rating the raters：Evaluating how ESG rating agencies integrate sustainability principles [J]. Sustainability, 2019, 11 (3)：915.

[128] Freeman, R E. Strategic Management：A Stakeholder Perspective [J]. Boston：Pitman, 1984 (13).

[129] Freeman, R E, Wicks, A C & Parmar, B. Stakeholder theory and the corporate objective revisited [J].

Organization Science, 2004, 15 (3): 364 – 369.

[130] Fukuda – Parr S, Mcneill D. Knowledge and Politics in Setting and Measuring the SDG s: Introduction to Special Issue [J]. Global Policy, 2019, 10: 5 – 15.

[131] García, F, González – Bueno, J, Guijarro, F & Oliver, J. Forecasting the Environmental, Social, and Governance Rating of Firms by Using Corporate Financial Performances: A Rough Set Approach [J]. Sustainability, 2020, 12 (8): 3324.

[132] General Electric. Predictive Maintenance | GE Research [EB/OL]. https://www. sohu. com/a/339109831_803757.

[133] Gioia, D A, & Corley, K G. Being good versus looking good: business school rankings and the circean transformation from substance to image [J]. Academy of Management Learning & Education, 2002, 1 (1): 107 – 120.

[134] Gregory F, Caldera C, Shrobe H. IIoT Cybersecurity Risk Modeling for SCADA Systems [J]. Internet of Things Journal, 2018, 5 (6): 4486 – 4495.

[135] Gunarathne, N. Sustainable Innovation Measurement: Approaches and Challenges [J]. Innov. Sustain. Bus. 2019, 1: 233 – 251.

［136］Guo, Q, Zhou, M, Liu, N & Wang, Y. Spatial Effects of Environmental Regulation and Green Credits on Green Technology Innovation under Low – Carbon Economy Background Conditions ［J］. International Journal of Environmental Research and Public Health, 2019, 16 (17): 3027.

［137］Hagedoorn, J & Cloodt, M. Measuring innovative performance: Is there an advantage in using multiple indicators? ［J］. Research Policy, 2003, 32 (8): 1365 – 1379.

［138］Hall, B H & Harhoff, D. Recent research on the economics of patents ［J］. Annu. Rev. Econ. , 2012, 4 (1): 541 – 565.

［139］Harvard University makes soft robots more usable ［J］. Man-made Textiles in India, 2020, 7: 48.

［140］Hermann M, Pentek, T, Otto, B. Design principles for industrie 4. 0 scenarios, in: System Sciences (HICSS) , 49th Hawaii International Conference, IEEE, 2016: 3928 – 3937.

［141］Ilias, A, Kostas, K & Dimitris, T. Environmental and Financial Performance. Is There a Win-win or a Win-loss Situation? Evidence From the Greek Manufacturing ［J］. Journal of Cleaner Production, 2018, 197: 1275 – 1283.

［142］IoT Analytics. 5 learnings from ongoing digital

transformation initiatives ［EB/OL］. https：//iot – analytics. com/industry – 4 – 0 – check – in – 5 – learnings – from – digital – transformation – initiatives/.

［143］ Isah A O, Alhassan J K, Olanrewaju S S, et al. Enhancing AES with Time – Bound and Feedback Artificial Agent Algorithms for Security and Tracking of Multimedia Data on Transition ［J］. International Journal of Cyber – Security and Digital Forensics, 2017, 6（4）: 162 – 178.

［144］ Jahn, J & Brühl, R. How friedman's view on individual freedom relates to stakeholder theory and social contract theory ［J］. Journal of Business Ethics. , 2018, 163（1）: 41 – 52.

［145］ Johnstone, N, Hascic, I & Popp, D. Renewable Energy Policies and Technological Innovation: Evidence Based on Patent Counts ［J］. Environmental & Resource Economics, 2010, 45（1）: 133 – 155.

［146］ Khamadi K, Senoprabowo A. Adaptasi Permainan Tradisional Mul – Mulan ke dalam Perancangan Game Design Document ［J］. Andharupa Jurnal Desain Komunikasi Visual & Multimedia, 2018, 4（1）: 100 – 118.

［147］ Kim Y H. IoT-based digital life care industry trends ［J］. International Journal of Advanced Smart Convergence,

2019，8（3）：87－94.

［148］Kuntsman A，Rattle I. Towards a Paradigmatic Shift in Sustainability Studies：A Systematic Review of Peer Reviewed Literature and Future Agenda Setting to Consider Environmental（Un）sustainability of Digital Communication［J］. Environmental Communication，2019，13（5）：567－581.

［149］Lee，S P & Isa，M. Environmental，Social and Governance（ESG）Practices and Performance in Shariah Firms：Agency or Stakeholder Theory?［J］. Asian Academy of Management Journal of Accounting and Finance，2020，16（1）：1－34.

［150］Leng J W，Sha W N，Wang B C，et al. Industry 5.0：Prospect and retrospect［J］. Journal of Manufacturing Systems，2022，65：279－295.

［151］Ling S，Han G，An D，et al. The impact of green credit policy on technological innovation of firms in pollution-intensive industries：evidence from China［J］. Sustainability，2020，12（11）.

［152］Ling，S，Han，G，An，D，Hunter，W C & Li，H. The Impact of Green Credit Policy on Technological Innovation of Firms in Pollution－Intensive Industries：Evidence from China［J］. Sustainability，2020，12（11）：4493.

284

［153］ Li P, Zhou, R & Xiong, Y. Can ESG Performance Affect Bond Default Rate? Evidence from China ［J］. Sustainability, 2020, 12 （7）: 2954.

［154］ Liu G Q, Yang Z Q, Zhang F, et al. Environmental tax reform and environmental investment: A quasi-natural experiment based on China's Environmental Protection Tax Law ［J］. Energy Economics, 2022.

［155］ Liu S, Yu Q, Zhang L, Xu J & Jin Z. Does Intellectual Capital Investment Improve Financial Competitiveness and Green Innovation Performance? Evidence from Renewable Energy Companies in China ［J］. Mathematical Problems in Engineering, 2021, 13: 9929202.

［156］ Li X. Optimization and development of city landscape design under the influence of digital multimedia technology ［J］. Boletin Tecnico/Technical Bulletin, 2017, 55 （18）: 108 – 113.

［157］ Li Y. Research and application of the teaching mode with the integration of multimedia technology and teaching management ［J］. Agro Food Industry Hi – Tech, 2017, 28 （1）: 2764 – 2768.

［158］ Lo, K Y & Kwan, C L. The Effect of Environmental, Social, Governance and Sustainability Initiatives on Stock

Value—Examining Market Response to Initiatives Undertaken by Listed Companies [J]. Corp. Soc. Responsib. Environ. Manag., 2017, 24 (6): 606 – 619.

[159] Mans N, Dave G, Martin V. Policy: map the interactions between sustainable development goals [J]. Nature, 2016 (534): 320 – 322.

[160] Mazzucato, M & Semieniuk, G. Public financing of innovation: new questions [J]. Oxford Review of Economic Policy, 2017, 33 (1): 24 – 48.

[161] Nash K L, Blythe J L, Cvitanovic C, et al. To achieve a sustainable blue future, progress assessments must include interdependencies between the Sustainable Development Goals [J]. One Earth, 2020, 2: 160 – 172.

[162] Oltra, V & Jean, M S. Sectoral systems of environmental innovation: An application to the French automotive industry [J]. Technol. Forecast. Soc, Vol. 76, No. 4 (2009), pp. 567 – 583.

[163] Park, B I, Chidlow, A & Choi, J. Corporate social responsibility: Stakeholders influence on MNEs' activities [J]. International Business Review, 2014, 23 (5): 966 – 980.

[164] Phillips M. International data-sharing norms: from

the OECD to the general data protectionregulation（GDPR）［J］. Human Genetics，2018，137（8）：575－582.

［165］Polonsky，M & Jevons，C. Global branding and strategic CSR：An overview of three types of complexity［J］. International Marketing Review，2009，26（3）：327－347.

［166］Roodman，D. How to Do Xtabond2：An Introduction to Difference and System GMM in Stata［J］. Stata Journal，2009，9（1）：86－136.

［167］Saunila M，Ukko J & Rantala T. Sustainability as a driver of green innovation investment and exploitation［J］. Journal of Cleaner Production，2018，179：631－641.

［168］Scholz R W，Bartelsman E J，Diefenbach S，Franke L，et al. Unintended Side Effects of the Digital Transition：European Scientists Messages from a Proposition－Based Expert Round Table［J］. Sustainability，2018，10（6）：1006－2001.

［169］Siemens. Showcasing Industrial Digitalization to the World［OL］. https：//blog. siemens. com/2021/02/showcasing－industrial－digitalization－to－the－world/.

［170］Song，M，Peng，L C，Shang，Y P，Zhao，X. Green technology progress and total factor productivity of resource-based enterprises：a perspective of technical compensation of environmental regulation [J]. Technological Forecasting and Social Change, 2022, 174.

[171] Tang X, Bian J, Liu S, et al. Application of multimedia digital technology in traditional residence architectural analysis and protection [J]. Revista de la Facultad de Ingenieria, 2017, 32 (4): 796 – 803.

[172] Telenor IoT. IoT Case: Container2. 0 – IoT in Container Shipping [EB/OL]. https://iot. telenor. com/iot – case/people – container2/.

[173] Telenor IoT. IoT Case: Revolutionizing Lawn Care with IoT [EB/OL]. https://iot. telenor. com/iot – case/husqvarna – lawnmower – iot/.

[174] Toro C, Barandiaran I, Posada J. A perspective on knowledge based and intelligent systems implementation in Industrie 4. 0 [J]. Procedia Computer Science, 2015, 60: 362 – 370.

[175] Wang B, Wang A. An optimization model innovation for college student management based on multimedia network platform [J]. Boletin Tecnico/Technical Bulletin, 2017, 55 (8): 195 – 202.

[176] Wang, E, Liu, X, Wu, J & Cai, D. Green Credit, Debt Maturity, and Corporate Investment—Evidence

from China ［J］. Sustainability, 2019, 11 （3）: 583.

［177］ Wang E, Liu X, Wu J, et al. Green credit, debt maturity, and corporate investment—evidence from China ［J］. Sustainability, 2019, 11 （3）.

［178］ Wang G, Jerry Z J, et al. , Chain Splitter: Towards Blockchain-based IIoT Architecturefor Supporting Hierarchical Storage, 2019 IEEE International Conference on Blockchain.

［179］ Wang Q, X Ji. Research on the 3d animation design and model simulation optimization based on multimedia technology ［J］. Boletin Tecnico/Technical Bulletin, 2017, 55 （6）: 541 – 547.

［180］ Wyss Institute at Harvard University. Manufacturing Mini Surgical Robots ［EB/OL］. https: //wyss. harvard. edu/ news/manufacturing – mini – surgical – robots/.

［181］ Xie, J, Nozawa, W, Yagi, M, Fujii, H & Managi, S. Do Environmental, Social, and Governance Activities Improve Corporate Financial Performance? ［J］. Bus. Strategy Environ, 2019, 28 （2）: 286 – 300.

［182］ Xu H S, We Y, et al. , A Survey on Industrial Internet of Things: A Cyber – Physical Systems Perspective ［J］. IEEE Access, 2018 （6）.

［183］Xu Z C, et al. Assessing progress towards sustainable development over space and time ［J］. Nature, 2020, 577: 74 - 78.

［184］Yang Y, Han J M. Digital transformation, financing constraints, and corporate environmental, social, and governance performance ［J］. Corporate Social Responsibility and Environmental Management, 2023.

［185］Yoon, B, Lee, J & Byun, R. Does ESG Performance Enhance Firm Value? Evidence from Korea ［J］. Sustainability, 2018, 10 (10): 3635.

［186］Yu, fu C. Application and value analysis optimization of multimedia virtual reality technology in urban gardens landscape design ［J］. Boletin Tecnico/Technical Bulletin, 2017, 55 (15): 219 - 226.

［187］Yu H. Application Analysis of New Internet Multimedia Technology in Optimizing the Ideological and Political Education System of College Students ［J］. Wireless Communications and Mobile Computing, 2021 (4): 1 - 12.

［188］Özdemir V, Hekim N. Birth of industry 5.0: Making sense of big data with artificial intelligence, "the internet of things" and next-generation technology policy ［J］. Omics: A Journal of Integrative Biology, 2018, 22 (1): 65 - 76.

［189］ Zhang J, Zhou Y, Xia K, et al. A novel automatic image segmentation method for Chinese literati paintings using multi-view fuzzy clustering technology ［ J ］. Multimedia Systems, 2020, 26 (1): 37 – 51.

［190］ Zhang, Q, Loh, L & Wu, W. How do Environmental, Social and Governance Initiatives Affect Innovative Performance for Corporate Sustainability? ［ J ］. Sustainability, 2020, 12 (8): 3380.

［191］ Zhang, X & Xu, B. R & D Internationalization and Green Innovation? Evidence from Chinese Resource Enterprises and Environmental Enterprises ［ J ］. Sustainability, 2019, 11 (24): 7225.

［192］ Zheng J Z, Khurram M, Chen L F. Can green innovation affect ESG ratings and financial performance? evidence from Chinese GEM listed companies ［J］. Sustainability, 2022, 14 (14).

［193］ Zhong Y J, Zhao H Y, Yin T B. Resource Bunding: How Does Enterprise Digital Transformation Affect Enterprise ESG Development? ［J］. Sustainability, 2023, 15 (2).

后　　记

　　《迈向工业5.0》这本书的完成，是一个充满挑战与收获的过程。回顾近两年的研究与写作历程，本人心中充满了感慨和感激。本项研究得到了国家社会科学基金项目"新形势下我国制造业集群数字化转型的典型路径与对策研究"（项目号：20BJY100）与中国博士后科学基金面上项目"企业数字化转型对ESG表现的影响机制与路径研究"（项目号：2023M733037）的大力资助，课题组围绕工业5.0相关选题，通过大量的数据收集、案例分析和实证研究，逐步形成了本书的内容框架。经过一年多的不断努力与坚持，本书终于得以呈现在各位读者面前。

　　这本书共分为六个章节，从多个角度和维度对工业5.0进行了深入探讨。第1章回顾了工业1.0到工业4.0的发展历史。工业1.0始于18世纪中叶的英国，其标志是从手工劳动向机械化生产的转变。工业2.0则以流水线生产和电力应用为特征，生产效率得到了显著提高。进入20世纪，工业3.0随着自动化和计算机技术的普及而崛起，使生产过程更加智能化和高效。21世纪初期，工业4.0通过物联网、大数据和云计算等技术，全面实现了生产制造的数字化和智能化。

第2章详细介绍了工业物联网的布局。物联网技术通过连接各种工业设备实体，实现数据的实时交换和处理，极大提高了生产效率和产品质量。本章通过Automower工业物联网割草机和米其林云计算的数字化转型等案例，展示了物联网技术在工业中的广泛应用和巨大潜力。

第3章探讨了元宇宙在工业中的应用。元宇宙结合了模拟系统、人工智能、生物数字技术、全息投影与可穿戴设备等前沿科技，推动了数字经济的发展。宝马公司的Omniverse平台和波音公司的智能工厂等案例，展示了元宇宙技术在工业中的应用前景，预示着未来工业生产的智能化和个性化方向。

第4章分析了全球可持续发展目标（SDGs）下的工业5.0远景。工业5.0不仅关注生产过程的人本化和工业韧性，更强调绿色化和可持续性。本章从提高资源利用效率、推动绿色创新与发展、优化供应链生态等方面，探讨了工业5.0对可持续商业实践的影响，并通过具体案例展示了工业5.0发展对推进可持续发展目标的重要作用。

第5章结合中国特色探讨了企业在绿色发展理念下如

何实现数字化转型和 ESG 的表现。中国的"双碳"目标和习近平总书记提出的"两山理论"为绿色发展提供了政策和理论支持。通过中远海控、复星医药和新华传媒等中国案例，展示了我国企业在工业 5.0 背景下的绿色发展和数字化转型实践，强调了工业 5.0 背景下数字化转型对提升企业 ESG 表现的重要性。

第 6 章为实证分析及其研究结论。本章通过理论与假设、数据获取和指标计算、研究模型、实证分析等环节，详细阐述了研究的过程和结果，并提供了相关的政策建议和实践启示。总体而言，工业 5.0 的实现需要技术创新、政策支持和社会各界的共同努力，同时也需要关注技术变革对就业、隐私和社会结构的影响。

在本书的编写过程中，本人深深感到工业 5.0 这一主题的广阔前景和无限潜力。与此同时，也意识到这一变革所带来的挑战和问题。如何确保技术创新的可持续性，如何平衡经济发展与环境保护的关系，如何应对就业市场的变革和社会结构的调整……这些问题将在我们迈向工业 5.0 的过程中不断出现，需要我们以开放的心态和创新的思维去寻求解决之道。作为一本专注于工业 5.0 的研究著作，本书力求做到深入浅出、通俗易懂。笔者希望通过本书的研究和分析，能够为读者提供一个了解工业 5.0 的窗口，激发读者对未来工业发展的思考和探索。另外，也期待本书能够成为相关领域学者和从业者的参考书籍，为推动工业 5.0 的研究和实践贡献一份力量。

在过去两年里，本人与团队成员共同探讨、交流，不断迭代和完善我们的研究成果。在这个过程中，本人深刻体会到了团队合作的重要性。每一个成员都在各自的领域贡献了自己的智慧，这种协同合作是我们取得成功的关键。在此，要特别感谢本人所在的团队和每一位成员。首先，感谢我的博士后导师郑健壮与吴结兵教授，为我的研究选题、框架、方法等提供了不可替代的指导意见。在撰写过程中，我们共同查阅了大量国内外相关文献，也特别感谢这些文献的作者们提供的宝贵信息和理论支持。其次，感谢本人所在的浙江大学公共管理学院的同事苏青博士后，在数据收集、文稿撰写中做出贡献。再次，特别感谢本人的毕业论文指导学生陈伊凡在本书初稿撰写中的重要贡献，尤其在案例分析、实证研究方面，展现了出色的科研能力和学术素养。经过团队的不懈努力，陈伊凡顺利发表本科论文于 SSCI 期刊并成为韩国庆熙大学的硕士研究生，这不仅是他个人学术生涯的重要里程碑，也为团队增添了荣誉。最后，还要感谢经济科学出版社的领导和编辑，尤其是王红英编辑，她对文字、图表的细致修改和校对工作保证了本书的质量和准确性，她的认真与严谨更为本书顺利出版奠定了坚实的基础。

展望未来，工业 5.0 的时代已经向我们敞开怀抱。在这个充满机遇与挑战的新时代，我们需要携手共进，继续探索和创新。希望这本《迈向工业 5.0》不仅能够为学术界提供有价值的参考，也能为相关领域的从业者带来启示和指导。

陈立峰

2024 年 12 月